U0094656

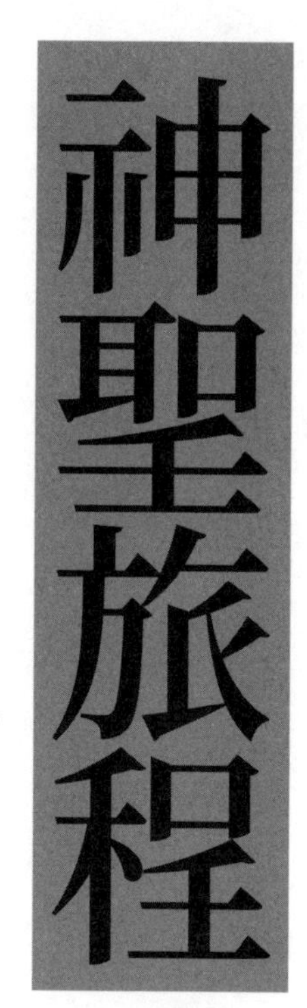

神聖旅程

揭開生命與死亡的奧祕

Sacred Journey: Living Purposefully and Dying Gracefully

斯瓦米·拉瑪（Swami Rama）——著
sujata—— 譯

特別感謝

我衷心感謝以下對本書貢獻心力之人：理查・肯洋（Richard Kenyon）先生協助整理不同出處的文章彙整成書，芭芭拉・博瓦（Barbara Bova）博士協助編輯，斯瓦米賈內斯瓦拉（Swami Jnaneshvara）協助電腦出版，以及神聖出版服務中心（Divine Printing Services）的古拉提（D.K. Gulati）先生協助出版本書。

目次

作者序

了解死亡，享受生命

現代文明致力於科技、物質財富以及溝通系統上的成就，縮短了全球各國之間的距離。然而，儘管現代生活富裕又舒適，人們卻無法感覺到滿足，也經常感到不快樂。原因在於，他們對世間萬物，以及對於人與人之間的關係，一直以來都抱持著不正確的態度。人們終其一生始終固守一個觀念，那就是他們必須不斷地向外掠奪，占有更多的東西。同樣的觀念也延續到人際關係上，在人與人的相處中，他們同樣感覺自己應該永遠站在收穫的一方，而不認為自己也應該成為付出的另一方。人們無法滿足於單純享受自己與各個人、事、物之間，當下得以聚合的珍貴緣分。相反地，人們企圖抓牢不放，想要永遠納為己有，因而進一步轉變為害怕失去所擁有的一切。

那些想要、占有、抓取以及對死亡的恐懼與日俱增，窮其一生縈繞不去，並不斷盤旋創造出更多的需要、更大的恐懼，以及更狂烈的痛苦旋風。過著這樣的人生，生活當然不可能會有效率，徒然只是浪費了生命。人們害怕死亡、否定死亡，並且竭盡全力想把「死亡」這個議題，盡可能遠遠地推離開自己的意識圈。人們不願意接受死亡是一個自然且不可避免的過程，不願意接受死亡是人生經驗中的一部分，也就沒有人事先為死亡做好準備。

這種對死亡的恐懼，就是我們永遠無法知足的原因。我們總是覺得自己需要更多的東西、需要擴展更多嶄新的人際關係、需要更多物質上的舒適、需要更多無止盡的娛樂，甚至於沉迷於濫用酒精和藥物，難以自拔。所有這一切的追求，都是為了企圖把「死亡」這個現實，遠遠地推到九霄雲外。很不幸地，這些並非處理死亡議題的有效方法。

為了了解死亡，每個人都必須嘗試了解生命的目的，以及生命與死亡之間的關係。「生」與「死」就像是一對伴侶，彼此為對方提供了連貫性的情節。死亡並非一個終止的句號，而是長途旅程中短暫停歇的逗號。如果我們能夠同時接受生命和死亡，認為它們都具有各自的意義和目的，了解並接受死亡乃是人生旅程的一部分，那麼我們對於死亡的恐懼就能消失，才得以重新完整地好好享受生命。

本書探討的就是生命與死亡之間的關係，同時也將提供「如何（方法）以及為何（原因）」的答案，目的是希望協助大家能找到指引自身去擴展和成長的一種生活方式，並學習重新整合我們的人生。那全新的生活方式，將可以在我們面臨名為「死亡」的人生轉折時，對我們提供幫助。

本書所描述的道法，絕大部分源自印度的古老經典：奧義書。奧義書是吠陀後期的偉大經典，吠陀（Vedas）經典乃是人類歷史上最古老的靈性啟示。

吠陀經典一共有四部：分別是《梨俱吠陀》（*Rik Vedas*，通常作*Rigveda*）、《夜柔吠陀》（*Yajurveda*）、《娑摩吠陀》（*Samaveda*）以及《阿達婆吠陀》（*Atharvaveda*）。每一部吠陀經典都包含了兩大部分。第一部分由讚歌、行為守則、儀軌，以及聖禮的執行準則所構成。而依附在每部吠陀經典後的第二部分，則屬於形而上學，主要在提供絕對真理知識的教導，後面的這個部分就是所謂的奧義書。

雖然世間流傳了將近兩百部的奧義書，但傳統上普遍只認定其中的一百零八部。其中有十部是在闡述吠壇多（Vedanta）哲學。這些奧義書都被視為是天啟的經文，也就是先知們在最純淨、最超然的三摩地境界中，所獲得的天啟智慧。這些先知將天啟智慧傳給弟子，弟子虔誠恭敬地保存了這些口傳的經典，然後一代接續一代地傳承下來，保留至今。

Upanishad（奧義書）這個字的意思是「靠近地坐著」，也就是挨在老師的足前安坐，聆聽這些深奧、不可思議、充滿象徵性描繪的經典。

另一種詮釋則是，Upanishad（奧義書）這個字來自梵文動詞「sad」，意思是去摧毀、鬆綁及引導。人們受制於短暫的現象世界，造就了無明；人們執迷於物質和實體的世界，充滿執著；人們迷失在茫茫的人生大海之中，生命沒有目標。因此，奧義書旨在幫助世人摧毀無明、鬆綁執著及提供指引，最後幫助人們證得人生最後的目標。

這些經典教導人們，生命應該具有目的且充滿意義。其實，所有人的內心都知道人生本該如此，即便他們可能在嘴上辯解，自創另一套人生哲理，聲稱人生並沒有任何目的，辯論人生不過是在無限宇宙中偶然的發生等等。姑且不論他們對人生抱持怎樣的想法，毫無例外的現實就是，每個人都奮力地在追尋內心的快樂、平靜及祥和。

奧義書是一張地圖，向我們指出通往解脫的道路，也直指生命與死亡的意義。那條道路上有著貫穿所有經典的一致中心思想，那就是：**萬有本質乃為同一**。

奧義書其中一個卓越並特殊的教導是：現象宇宙是一種顯化，而非一種創造。那唯一絕對的真理顯化為我們稱為「宇宙」的這個多元世界，這與西方思想中，認為是造物者創造萬物，以及造物者有別於被創造者的概念，大相逕庭，奧義書的教導完全摒棄了二元分化的概念。**Eko'ham bahu syam** 的意思是「僅有唯一，在此、在彼，在各處。」那個「唯一」就是「梵」（Brahman）——這奧義書中用來指稱真理，或說純意識[1]的語彙。奧義書說：「梵是真，而世間短暫的事物是不真。」除了「梵」以外的所有其他一切，皆是幻象。「梵」是生命、光以及一切存在的源頭，人生的目的就是要去了悟這個真理。

大部分人都傾向往外在的世界追尋快樂，但奧義書卻告訴我們，我們無法在世間的萬物中找到快樂。外在世界的所有東西，包含人際關係，都是瞬間即逝的，只要是瞬間即逝的東西，就不可能提供給我們永恆的祥和與喜悅。

奧義書告訴我們，要往內去看，去找到永恆。奧義書說：「人們只會往外看，卻看不見內在的一切。」又說：「渴求永恆的人是稀有的，他閉上了向外看的眼睛，然後看見了本我。愚者追隨肉身的欲望，跌入了糾纏眾生的死亡陷阱；而智者知曉本我才是唯一的永恆，對瞬間即逝的萬物，不屑一顧。」

這與聖保羅（St.Paul）在「哥林多前書」上所寫的十分類似，他提醒人們，生命中的每一件事物都是為了我們的靈性成長而存在的。聖保羅說：「萬物都是為了你而存在，請智慧地運用它們，生命極為短暫。」

「……儘管朝外的那人正在凋零，然而朝內的那人卻日日更新，因為眼之所見，均為短暫，而眼之不見，才是永恆。」

耶穌同樣也在《登山寶訓》中給予弟子這樣的指導：

「不要在人間留下任何財寶，飛蛾與鐵鏽將使它們受到侵蝕與腐化，或盜賊闖入將之竊取；把你的財寶留在天堂吧，天堂既沒有飛蛾，也沒有鐵鏽會將財寶侵蝕與腐化，盜賊尚且無法闖進天堂，更遑論竊取。因為當你將財寶放入天堂，你的心也必會留在那裡。」[2]

人生的目的是為了知曉明辨，明辨外在與內在、短暫與永恆的差異，透過練習去發現、去經驗那一個接一個無盡的價值。一旦我們了悟了這個差異，生命會開始富蘊一種令人喜悅的意義，死亡的恐懼就會蒸發，消失得無影無蹤。

奧義書也被認同為「吠壇多」，吠壇多的意思是「吠陀的終點」，象徵奧義書表達了人生最高的目的，也就是證得了讓個體靈魂得以從束縛中解脫的至上知識。

本書集結了我在美國賓州芝加哥和洪斯戴爾（Honesdale）代表大會中的系列演講原稿，並輔以些微的校正。

斯瓦米拉瑪／一九九五年十一月

喬利格蘭特・德拉頓（Jolly Grant Dehradun）

印度，北阿坎德邦（Úttarakhaṇḍa）

譯註

[1] consciousness 這個字在英文通常以大寫的 Consciousness，或者 Pure Consciousness，來說明那個至上意識。這個字有多種翻譯方式：「純意識」、「本識」、「覺識」、「本覺」等，指的就是那個永恆不滅的意識覺知，那個在睡眠時依然保持清醒的圓滿、純淨、智慧、永恆的終極意識。當這個字被用來當成絕對純淨、最終極的那個所有意識之源頭時，與心理學上用來說明「非睡眠狀態的清醒意識」是有所區別的。

[2] 出自《馬太福音》（6:19~21），《和合本》譯為：「不要為自己積儹財寶在地上，地上有蟲子咬，能鏽壞，也有賊挖窟窿來偷。只要積儹財寶在天上。天上沒有蟲子咬。不能鏽壞，也沒有賊挖窟窿來偷。因為你的財寶在那裡，你的心也在那裡。」

譯者序

斯瓦米拉瑪上師的靈性遺產

一個人在知道自己即將離開人世的時候，最應該要完成的是什麼事情呢？近代有不少的文字或影片作品都試圖探討這個議題，但是，文章的結論或故事的結局，似乎跳脫不開鼓勵人們去完成還未完成的欲望清單。但生命存在的意義只是如此嗎？而這是我們為生命劃上句點的唯一方式嗎？斯瓦米拉瑪透過晚年留給人間的兩個大禮物，教導了我們這些問題的答案。

來自喜馬拉雅山的斯瓦米拉瑪上師，遵從師訓離開印度到西方弘法後，長年將時間投注於瑜伽科學的分享與實證，透過他等身的著作以及口傳經驗的傳承，影響了全球無數的靈性修行者。他也始終心繫著孕育他靈性成長的家鄉喜馬拉雅山，不僅設立基金以長年照護在深山修行的沙度（sadhu），更在位於喜馬拉雅山以及瑜伽聖城瑞斯凱詩（Rishikesh）之間的喬利格蘭特．德拉頓（也就是他書寫本書序言的地方），完成了大型喜馬拉雅綜合醫院的建造計畫。醫院最大規模的一次增建計畫是在一九九三年至一九九六年，而斯瓦米拉瑪上師是在一九九六年摩訶三摩地（捨身）的，相當於他將人生最後四年的時光都傾全力於完成這項偉大的傳承使命，透過親力親為地計畫和督導，他為弟子們示範了何謂強大願力（sankalpa）和執行魄力，最終送給了世間這份從生活、教育、身心醫療等全面照護人類的一份大禮。至今，這份禮物不僅服務當地的人民和來自全球的修道者，也經常為喜馬拉雅山各種特殊的災難與事件，提供適時適地的緊急救援和人道關懷。

除了醫院以外，斯瓦米拉瑪晚年留給弟子和世人最重要的一份遺產，應該就是《神聖旅程》這一本書了。這篇在醫院書寫的序言中所註解的日期，正是斯瓦米拉瑪上師於一九九六年十一月摩訶三摩地的前一年。斯瓦米吉（斯瓦米韋達）曾經分享，許多弟子們事後回想，才發現原來斯瓦米拉瑪上師其實已經預知自己即將捨下肉身，因而書中描述的，就是他即將踏上的「神聖旅程」。這本書留給弟子以及世人的是世間罕有關乎生死的寶貴知識，它可以幫助我們，在人世生命的光影重疊之下找到每一次呼吸的意義，它可以提供給我們，在人生驚滔駭浪外的一彎寧靜，它也無疑將會幫助我們，更從容自在地去為人生的最後一刻做好準備。當我們讀出他在自己生命的最後時光，如此細膩深切地透過一字一語所傳達的那份愛，這本書就是一個學生所能收到的，來自一位無私開悟大師的最美禮物。

斯瓦米拉瑪上師以晚年堅強的意志力，完成了醫院建設和重要書籍，這告訴了我們，應該好好善用生命中的每一個片刻，哪怕是最後的時刻，都要分秒珍惜地發揮生命，對世間做出最大的正面貢獻；他以身教告訴我們，不要浮載於榮辱的奇幻大洋，切莫對任何二元現象產生執著；他寫下本書告訴我們難得且至上的生死奧祕，也告訴我們，即便面對業力和印記強大的束縛，依然可以找到掙脫死亡羅網的方法，回到原生的靜止與安寧。斯瓦米拉瑪上師的一行一言，在在都是為了要留下對世人有益的有形及無形的資產。在他即將捨身前的時光，儘管身體逐漸虛弱，但他總是耐心地給予弟子們慈悲、充滿愛的最後指導，根據他摩訶三摩地前身旁親近的弟子描述，他在最後身體逐漸虛弱的時光中，神情卻總是泰然自若，兩眼依然慈愛而充滿光輝，猶如無時無刻都歇息在聖母的懷抱之中。

相信讀者閱讀此書的過程中，必定能夠感受到斯瓦米拉瑪恨不得把那份從聖母獲得的愛，全部移轉給我們所有人。每讀一回，我就深深覺得上師有如一位慈祥的母親，在自己臨將出門前，對於不得不留在家中的小孩鉅細靡遺地仔細叮囑，深怕錯過任何一個應該交代卻忘記交代的細節。他幾乎為我們事先準備好了修行路上所有可能會產生的疑問，預先設想了我們可能會遭遇的所有障礙和挫折，當然，他也為我們親自備好了錦囊，把解決的妙計繡在襯底裡，告訴我們在每個抉擇交叉點、每個障礙關口應該如何面對，如何因應。字字殷殷切切，句句苦口婆心。

斯瓦米拉瑪上師留給我們如此珍貴的教導和靈性遺產。他要我們歡慶生命，教導我們喜悅生活的藝術；他以身教要我們善用餘生，立大願成大事；他要我們不要浪費時間，要經常沉思、祈禱與靜坐，累積靈性財產，親證那超越生死的世界。他承諾我們，只要我們認真持律練習，來自上師傳承的光明教導與祝福，將永遠不斷地流向我們。對上師廣大的弟子與學生而言，他仍然以不同的生命形式，以不可思議的方式持續教導著我們，與我們時時同在。

斯瓦米拉瑪上師曾經說過：「我的工作是要把你介紹給你內在的導師，生命是一首美麗的歌曲，歌頌吧，你會發現作曲家就坐在你內心的蓮花之中。」

願我們都能成為值得這諄諄教誨的淨化空瓶，在內外上師、妙樂與花香的沿路引領下，走上這神聖的旅程。

頂禮上師無量慈悲。

OM Sri Gurave Namah

喜馬拉雅瑜伽傳承僕人 **sujata** 恭呈

於臺中喜馬拉雅天空瑜伽靜坐中心

二〇二〇年上師節

Chapter 1

《卡陀奧義書》[1]

關於時間的起源，有一則古老的故事。當時，宇宙仍在被創造的過程，萬物的秩序尚未建立，一切仍在混沌未明的階段。在宇宙可以全面運作之前，造物者還有一項最後必須要完成的工作。神召喚了一位天使來到面前，以幫助他完成這項工作。

天使來了，造物者，也就是神，告訴天使說，為了完成宇宙的建立，祂還保留最後一項工作尚未完成。

造物者告訴天使說：「我把最精妙的一項工程留在最後，我這兒有份生命的寶藏，裡頭蘊藏著人類生命真實的意義，也是我所創造出來的所有萬物的終極目的與目標。」

造物者繼續說道：「因為這個寶藏超越語言所能形容，非常珍貴。我希望你把它藏起來，要把這個寶藏仔細地藏好，好讓人們知道它的價值不凡，難以衡量。」

天使回答道：「主啊，沒有問題，我會把這生命的寶藏藏在最高的高山頂上。」

造物者說：「放在那裡的話，寶藏很容易就會被找到了。」

天使回答道：「那麼，我把這寶藏藏在大沙漠的荒野中，想必，要找到這寶藏就沒有那麼容易了。」

「不，這樣還是太輕而易舉了。」

天使問道：「那麼，若把它藏在宇宙最遙遠的彼端呢？那樣的話，要找起來可就得大費周章了。」

造物者一邊思索地說：「那樣還是不妥。」接著，他的臉上突然顯露出一道靈感乍現之光，他說：「我想到了，我知道有個好地方，可以把這生命的寶藏藏於人們的內在，這是他們最後才會想到的地方，如此幾經周折找到之後，他們才會知道這寶藏有多麼寶貴，是的，就把寶藏藏在那裡好了。」

奧義書所談論的主題就是這個寶藏是什麼，以及如何找到它。從人類的天性本質看來，那寶藏確實隱藏得太妙了。就像神在這個故事中所說的，人們在找尋終極真實的過程，絞盡腦汁卻最難以想到的隱藏處，確實就是他們的自身之內。人們必然先從外在世界五光十色的對象，去找尋生命的意義，每一次都會竭盡全力，卻注定將會無功而返，因為他們在外在世界找不到任何具有價值的東西。就這樣，人們自己不斷地創造出生命與死亡的永恆循環，只能像一顆陀螺被迫無奈地不停運轉。人們窮其一生所追逐的都是那些鏡花水月的東西，然而當死神來臨時，他們卻依然兩手空空，只得被迫接下「再來一次」的邀請函。

奧義書上說：「無知的人不斷地接過那張邀請函，但是智者洞悉了這無止盡生死循環的結果，他們轉而向內，尋求真正的永恆。」

根據奧義書，我們所向內尋求的，就是被稱為「阿特曼」（Atman）的純淨本我，那是我們的真實身分，用《聖經》的語言來說，也就是神的形象和本質。感官或心都不認得真實本我，然而，真實本我才是靈魂深處所隱藏的寶藏，它就住在心中最深處的斗室。它非常細微、難以衡量且永恆不朽。它在創世之初就已經存在，存於現在，也將持續存於未來。

奧義書不斷重複解釋，現象宇宙並非永恆，它恆常地變化、進化、成長、衰敗，然後死去。它永無止盡地持續這樣的過程，來了又去、去了又來，在告一段落後死去，又再度歷劫歸來，那就是宇宙的本質。任何人如果執著於現象世界中多變的樣貌，人生就注定得以悲劇收場。但是，在把人們帶向永恆不朽之疆域的過程中，現象世界扮演了一個重要的角色。物質世界的本質中充滿了痛苦以及對死亡的恐懼，然而，這些痛苦和恐懼也可以成為引導人們邁向智慧的工具。終有一天，人們會領悟到，生命應該還有另一種存在，那個存在可以超越這些痛苦。到了那領悟的時刻，他或她就會開始認真地追尋物質世界以外的替代選項，將其當作生命的終極目的。

本書所專注的奧義書是《卡陀奧義書》（*Kathopanishad*），這是一本揭示死亡的神祕面紗，以及探討生命意義的經典。《卡陀奧義書》是所有奧義書中，針對今生來世、阿特曼知識的這個主題，解釋得最清晰易懂的。它清楚定義了人類面臨諸多議題時的選擇方案，諸如生命的目的，以及在人生最後時刻必須做出的選擇。

這是一部非常美麗的奧義書，它富含詩意地詮釋了生死的祕密、業行的法則，及如何從悲傷和沮喪中獲得解脫。全書由一百一十九句梵咒（Mantras）所組成，根本架構在一個極具靈性領悟的年輕人納奇凱達（Nachiketa，又譯納奇柯達）與死亡之主閻摩（Yama）之間的對話。閻摩有別於希臘或羅馬神話中的死神，他並不具備恐怖、令人畏懼的形象。他是所有在地球誕生的人類之中，第一位歷經死亡的人，同時也是一個了悟本我的大師。在這部經典中，閻摩可以被比喻為人類心識中最高階的明辨智慧，而納奇凱達雖然具備力量和勇氣，但在此所象徵的是人類心識中較為低階的心意。

兩人之間的對話揭示了一個虔誠卻尚未了悟的靈性求道者的個性。納奇凱達是一個我們容易理解且仰慕的人物，儘管他的內心尚存許多疑惑，其虔信卻是無庸置疑的。尤其難能可貴的是，他對至高知識與終極喜樂所懷抱的熱切渴望。

閻摩數度試探著納奇凱達，想要知道他對真理的渴望究竟有多麼殷切，他對真理的強烈渴望是否遠超過對世間萬物的愛戀呢？答案是：是的。納奇凱達選擇放下一切，一心一意只追尋了悟本我。他想要了悟阿特曼，對了悟真實本我的渴望遠遠凌駕了其他所有的一切。

由於納奇凱達的虔信，他知曉了所有享樂都無法永久存續的道理，哪怕是生命中最高等的快樂也是一樣。他知道那些遲早都將會離開，失去後也只能徒增夢醒後的悲痛。無論一個人走到哪裡，或者做了什麼，只要他仍然存有人世間的欲望，真正的寧靜就不會到來。無論他是全然沉浸於人群之中，被世間種種的快樂所圍繞著，或者他選擇離群索居，遠離世間的誘惑，但無論何時、何處，只要他仍然存有對世間萬物的欲望，就永遠不可能知足。

身陷在這世間欲望的深淵，比起身陷於貧脊的沙漠荒野，其實好不了多少，對於沉陷在這兩種處境的人而言，死亡是一種逃避。人們緊抓著欲望直到死去，誰知欲望又再度把他們抓回到人間，重新去實現他們未完成的欲望。

只有在實際的日常生活中，人們才能練習處理欲望與自我控制，去駕馭那些驅動欲望的感官和思想。人們必須學習超越欲望，知悉欲望的價值是有限的。唯有當他們可以超越欲望，掌握自己的感官和思想，他們才能夠開始領悟到真正的喜悅。他們會逐漸地發現，當自己放下了對世間萬物的執著，包含對物質肉身的執著，才能夠開始去經驗一種實實在在的寧靜感，那比任何物質財富或環境舒適，更能提供巨大的價值。

納奇凱達內心深深地了解這個道理，你可以認定是他的良知在導引著他，並且他還具備了遵循良知指引的勇氣，而不是渾渾噩噩地踏著許多前人踩下的陳舊足跡，走上追求物質欲望的道路。

閻摩在《卡陀奧義書》中所描述的道途就是瑜伽之道，瑜伽之道的目標就是，每個個別靈體與存居萬物內在的至上本我之間的靈性結合。

譯註

[1] 譯註：《卡陀奧義書》的原文為 *Kathopanishad*，又作 *Katha Upanishad*，前者為 Katha（讀音卡達）與 Upanishad（讀音烏帕尼沙德，意為奧義書）。在梵文中的連音後，根據文法規則改變 Katha 最後一個字的 a 以及 Upanishad 的第一個字 U，結合轉為 O，因此讀音就會變成「卡陀帕尼沙德」。若維持分開列示，則念成「卡達－烏帕尼沙德」，因此也有人翻譯為「卡達奧義書」、「卡塔奧義書」，本書尊重斯瓦米拉瑪上師的連音用法，因此，全篇翻譯為「卡陀奧義書」。這兩種寫法在梵文中都很常見，僅供參考。

Chapter 2

納奇凱達的選擇

《卡陀奧義書》中，納奇凱達的故事要從他那富裕的父親開始說起。他的父親，瓦賈斯拉瓦斯（Vajashravas），準備要進行一種特殊的奉祭。根據經典責成的這個奉祭，必須要求奉祭主（也就是瓦賈斯拉瓦斯）奉獻出所有財富，他的全部財產，並且必須把這些分配給偉大的先知以及婆羅門（Brahmins）[1]。這是一種極為殊勝的奉祭，只有那些最高階的求道者才會實行。一個能夠放棄所有非永恆事物的人，將可以獲得梵知，也就是真理的知識。

這與《新約聖經》的一段故事很相似：一位富有而年輕的統治者，曾經與耶穌相遇，並向他請益有關如何擁有永恆的生命。富人向耶穌確保他已如實遵從誡命，意即終生未犯謀殺、偷竊、通姦或說謊，並且尊重他的父親、母親，對鄰居友愛。富人說完後，耶穌給了他一個簡單的指示，他告訴這位富人，他必須將所擁有的一切送給窮人，然後孑然一身地追隨耶穌遠走。

這位富人卻做不到，儘管他在各方面都展現了美德，但他對這世間的身外之物以及財富，仍然有著很深的執著。《聖經》告訴我們，這故事的結局是富人選擇悲傷地離去。

納奇凱達的父親也跟《聖經》故事中的富人一樣，無法與他的財富告別。儘管他明知一旦自己能夠誠摯地完成這樣全然的奉獻，必然可以獲得最高的梵知。

根據《卡陀奧義書》中的描述，瓦賈斯拉瓦斯把一些牛隻送出去當成奉獻。但他所特意挑揀的，都是那些年老的、乾癟的、眼盲的、重病的牛隻，無論誰收到這樣的牛隻，都不會感覺有一丁點受用。賈斯拉瓦斯把好用的牛隻全都留給了自己。

納奇凱達看見父親準備把那些年老無用的牛隻帶出去奉獻給別人，知道這樣沒有價值的贈與將會為父親帶來未來的業報和痛苦。納奇凱達出自急切想要幫助父親的動機，提醒父親，他身為父親的兒子，也是父親的財產。他告訴父親，應該把兒子也當成奉禮拿去分配給別人。

納奇凱達問道：「父親，那麼，你想要把我送給誰呢？」

賈斯拉瓦斯正在為自己這樣不情不願，明顯沒有誠意的奉獻而苦惱著，於是把自己的負面情緒遷怒在兒子身上。他選擇負面解讀兒子的建議，認為兒子是故意找碴，肆無忌憚地忤逆自己。

納奇凱達連續問了父親三遍，要把自己送給何人。到了第三次，賈斯拉瓦斯忍無可忍、怒火中燒，他氣急敗壞地回答：「我要把你這個不肖子送給死神，閻摩！」

納奇凱達懷著一顆純淨的心以及滿滿的虔誠，興高采烈地把父親說的氣話信以為真。

納奇凱達說道：「死亡不值得一提，所有的眾生在如同穀物般繁盛過後，就會再度凋零死去。現在，我應當成為這世上發現真理、揭開死亡神祕性的第一人。」

當納奇凱達前往死神閻摩的住處時，閻摩剛好不在家。過了三個晚上之後，閻摩才回到家中。他為了彌補自己不在家中，無法招待客人的虧欠，自願送給納奇凱達三個願望，以做為讓客人在家獨自空等三個晚上，未盡主人待客之道的補償。

納奇凱達為了再次表示他對父親的尊重，第一個願望是希望閻摩可以安慰賈斯拉瓦斯的心，減輕父親的憤怒，並且去除賈斯拉瓦斯由於納奇凱達離開家庭所造成的任何擔憂。

閻摩答應了他的這個願望。他說：「喔，納奇凱達呀，你的父親將會快樂地再次接受你，並帶著最偉大的愛與仁慈重新擁抱你。」

至於第二個願望，納奇凱達請求閻摩為他展示火供祭祀，以及所有相關的儀式和禮儀。

納奇凱達要求第二個願望時說道：「在天堂，沒有恐懼或死亡，沒有年老或衰敗，沒有飢餓或口渴，沒有痛苦或遭罪，天堂充滿了永恆的喜樂。死神啊，只有你知道，凡人如何藉由舉行奉祭，獲得到達這至喜天堂的方法。這就是我要求的第二個願望，我想要知道那引領凡人到達天堂的奉祭之本質。」

閻摩應允了第二個願望，並且教導納奇凱達所有關於火供祭祀的種種。接著，閻摩要納奇凱達選擇他的第三個願望，納奇凱達沉默了，他安靜地往自己的內心深處走去，靜定了片刻之後，納奇凱達告訴閻摩：

「有一種說法相信，人一旦離開這個世間之後，就永遠消失了；也有人相信，人死後還會再重新出生，儘管外表看起來死了，但從真實的角度看來，他並沒有死亡，而是帶著細微身留在細微界，只不過暫時拋下了外在身體的皮囊，而那就被稱為死亡；還有一種說法，相信人只有死了才能真正開始活著。以上各種說法，究竟何者為真？死後存在的究竟為何？請您向我解釋這些道理，這就是我的第三個願望，我想要知道有關死亡的神祕真理。」

閻摩並不想在未經測試納奇凱達的情況下，就教導與他有關死亡的祕密，他需要知道年輕的納奇凱達是否具備熱誠與認真的弟子資格。閻摩告訴納奇凱達，即便是天神，都很難理解這個祕密。

閻摩說道：「這對任何人來說，都相當難以理解。你還是要求其他的願望吧，我會很樂意送你別的東西。」

但是納奇凱達很堅持，他告訴閻摩，即便天神曾被死亡的祕密難倒了，即便這是一個很難理解的主題，但是除了閻摩以外，再也找不到更好的老師來解釋這個主題了。

納奇凱達說：「喔，閻摩啊，我並不想要其他的願望，沒有任何願望可以與這個願望相比，我一定要知道這個祕密。」

閻摩嘗試用別的方法來測試納奇凱達。他試著要送給納奇凱達一些所有凡人難以抗拒的誘引，那是介於真神或財神之間的選擇，是介於得到物質快樂或永恆喜樂之間的選擇，以及介於幻象和真實之間的選擇。

閻摩告訴納奇凱達，願意給他綿延無盡的天年壽命，還附送天堂所有的榮華富貴。閻摩說，他可以給予納奇凱達無數的後代子孫、良駒俊象、黃金珍珠，以及世上罕見的奇珍異寶。他說，他可以賜給納奇凱達大地上的偉大王國，讓他成為一國之君。但他不會成全納奇凱達所要求的第三個願望。

閻摩對納奇凱達說：「把這些財富和權力全部拿走，忘掉你說的第三個願望，我會滿足你其他所有的欲望。」閻摩繼續說道：「除了這生命最大的祕密之外，所有天庭上的如花美眷、凡人無法擁有的絕世美女，只要你一句話，她們就全是你的了。別再跟我詢問那個問題了，我不想把關於生死的祕密透露出去。」

納奇凱達於是展示了他深度的虔誠與決心，告訴閻摩，他只想知道這生命的目的以及生死之間的關係。他對閻摩所提出來的這些令人垂涎的誘惑條件絲毫不感興趣，毫不猶豫地回答死神閻摩說：

「我要這些短暫、會幻滅的東西做什麼呢？所有感官可以感知到的東西，全都是短暫的。在這個世界中，生命注定要因為死亡而改變，然後消逝。如果無法獲得解脫的真知，即便長命百歲、擁有天堂中的一切，又有什麼價值呢？你所說的那些會飛舞的天女和世間的種種誘惑，都只不過是用來滿足感官一時的享樂罷了。喔，死亡之主，您自己留著他們吧！只靠世俗的財富，沒有人可以獲得真正的快樂。這人間所有的物質享受，以至於天堂的曼妙風華，豈能永恆不變。在知曉這世間瞬息萬變、不斷流轉的本質之後，還有誰會渴望長壽？我不在乎是否能壽延千年，如果我不能得到至高智慧，證得至上真知，我要這麼長的壽命來做什麼呢？」

當閻摩見識到納奇凱達條理分明、富有決心的陳述後，他很高興地決定要成全他的第三個願望。

此時，《卡陀奧義書》就開始真摯地向人們揭示永恆的祕密，有關生命與死亡的意義。

世間的短暫生命，連同其一切的魅力，全都不是人類生存的目的。世界充滿了各種感官對象和誘惑，人們不斷地想要它們、選擇它們，然後以獲得它們做為組織自己人生架構的主軸，就這樣，一輩子又挨著一輩子地接續著。

今日，人們發展出認同世界的固定模式，他們認同世間的萬象，認同隨著這些對象起舞的情緒，並處於隨時都有可能失去這些東西的狀態。他們一開始認為，只要擁有一些迷人的東西，喜樂就會到來，無論是一輛新車、一套新衣服，或者一位新的配偶。每次添購一個新東西，有那麼一瞬間他們似乎感受到了滿足，但繼之而來的，就是長長的失落感。

人們也認同隨著物品或關係而引發的情緒。他認為自己愛著某一個人，如果能擁有對方，就會快樂。當他真的擁有對方了，通常這段關係就開始走下坡，總是感覺不盡人意，不如當初想像中的美好。於是，他可能開始有意無意地傷害這個自己當初迫切需要擁有的人，直到某一天赫然發現自己的不可理喻，他跟對方表示自己的歉疚。接著再過了一個月，他又開始重複將同樣的傷害加諸於對方，最後他們終於還是分手了。過了一段時間，他又遇見另一個人，認為對方確實就是自己最需要的命中注定之人，如果能擁有對方，他將會是全天下最幸福的人。可想而知，同樣的故事又會在他們之間再度重演。

世上關於這樣的主題有許許多多的版本。重點就是，人們總是對某樣東西或一段人際關係產生執著，接著就會因為那些執著而產生一些想法和情緒。這樣的過程造成了人們的痛苦，因為沒有任何一樣東西或一段關係可以長久不變的保持下去。儘管如此，人們依然嘗試用這樣的方式去尋找內心的平靜，就這樣一生接一生地度過。

閻摩對納奇凱達說：「那些居住在無明黑暗中的人，被財富和占有迷惑住他們的心，就像是小孩以為是自己戲弄著玩具，其實是玩具戲弄了他們。這群愚笨的小孩被困在死亡的圈套中，在我的擺弄下不斷回到我這裡。他們依然身陷圈套中脫不了身，無法跨越這黑暗疆域的限制，只能來來回回地不斷重複這個旅程。」

幸好，這個情況並不是永遠的，將來有一天，人們會發現所有這些對感官對象產生的欲望，或套用十九世紀孟加拉的聖人羅摩克里師那（Ramakrishna）[2]的用語：「這些色慾與貪婪」，將開始變得空洞而沒有意義。

追求成長與擴展是靈魂的本質，因此，無可避免地，我們會看到這個結果：一個人終將認知到，在每個快樂的背後總是隱藏著痛苦，在每個期待的背後總是緊接著失望，而跟隨在每個已實現欲望的背後，總是還有另一個欲望。因為所有世間的絢麗，其結果、其總結只會加總堆疊成為不堪負荷且過重的痛苦、寂寞及空虛。

以上所說的數學計算是具有教育意義的。那個加總的結果將喚醒人類的靈魂。痛苦教會了我們、訓練了我們，讓我們知道「明辨」[3]是人生不可或缺的一門藝術。

《卡陀奧義書》為我們呈現了一個純淨、選項明確的提綱挈領。閻摩告訴納奇凱達，世界在我們面前攤開了兩種道路以供選擇：一條是有益之道，另一條則是有樂之道。有益之道現下雖然困難，但它最終可以引領我們獲得至高真理的知識。而有樂之道表面上看起來很快樂，卻是短暫而不能長久的，當膚淺的快樂經驗不可避免地煙消雲散之後，等在後面的就只有無限的惆悵和苦痛。智者選擇長遠有益的道路，而無知者依賴短暫的逸樂，總是短視地選擇便捷的有樂之道。

那就是生命的本質。生命的目的是去成長、擴展，然後完全了悟自己的真實身分。如果我們不願選擇通往這個方向的光明之路，那麼這世道早已等著把你帶到偏離人生目標的外圍，成天盲目地兜著圈外轉。但無可避免的，接踵而至、呼嘯狂掃的悲風將不斷吹襲著人們，不幸接著另一個不幸，失望跟著另一個失望，直到有朝一日這個人開始恍然大悟了，才終於看清楚擺在面前「有益」和「有樂」兩個選項的巨大差異。

《卡陀奧義書》的主軸在告訴我們，人類生命的寶藏「真實本我」是深藏於內在的。唯有內在才是永恆，內在才是阿特曼（或說真實）的居所，邁向「發現真實本我」的旅程就是人生的目的。一個已經了悟個體真實本我的人，就能夠了解包含整體宇宙的宇宙本我。

二元論者篤信著個體、宇宙（universe）以及宇宙本我（cosmic Self）是全然分離的單位，認為它們是各自獨立的存在。人們若是根據這樣的信仰，將只能獲取關於個體本我的部分知識。這與吠壇多學派的思想大異其趣，彼此間存在著極大的鴻溝。吠壇多哲學對世人最有價值和最具提升意義的貢獻是，吠壇多認為本我，或神，並非距離我們遙遠的目標，祂就居住在我們生命的內在心房之中。這是吠壇多哲學的中心意旨。

譯註

[1] 婆羅門：此乃印度四種分工中專注在祭祀和教導經典的一個族群。請留意梵（Brahman）、梵天（Brahma）以及婆羅門（Brahmins），分別有類似的梵文字根，卻是完全不同的意義。「梵」是吠壇多對「至上本我」的指稱；「梵天」是三相天神（deva）中創世的天神；「婆羅門」則是四種姓中的其一。

[2] 羅摩克里師那（1836~1886）：是十九世紀極富影響力的印度瑜伽士，在年少即有入定的經驗，教導過許多弟子，其中最著名的就是前往美國弘法的大弟子斯瓦米辨喜（1863~1902）。根據其他弟子為他留下的問答集顯示，他篤信聖母，晚年經常處於三摩地中，經常要弟子遠離財富、名聲與色慾的誘引，即斯瓦米拉瑪提到的貪婪與色慾。附帶一提，其大弟子斯瓦米辨喜承襲師教，將瑜伽的現代教義傳揚到西方乃至於全世界，對於印度以外的世界得以學習真正的瑜伽，具有卓越的貢獻，他和斯瓦米拉瑪一樣，都是早期首批將瑜伽道法弘揚到西方的先驅者。

[3] 明辨：在瑜伽的相關文獻中，明辨通常指的是梵文 viveka（明辨），是那種能夠區分出真與不真、歡樂與喜樂、摩耶與梵、非我與本我的差別之能力，而根據了悟程度，明辨還分有初階與高階，不過這細節並非本書探討明辨的重點，有興趣的人可以閱讀斯瓦米韋達的《瑜伽經白話講解》系列（橡實文化出版）。在此只是提醒讀者留意，這裡的明辨並非泛指一般的區別善惡、明辨是非的那種智能上的辨別能力。

Chapter 3

寶藏

根據吠壇多的說法，寶藏就是阿特曼、本我或說是絕對真理，而所有生命的個體之內，都存有這份寶藏。以《聖經》的語言來說，阿特曼就是上帝的形象，上帝無異於梵、純意識、終極真理，或我們嘗試用任何字眼來表達的那個難以描繪的至上。阿特曼和梵乃是同一，就像耶穌所說的：「我和我的父親乃是同一。」

耶穌告訴他的使徒說：「你要如同天父般完美。」他所要傳達的訊息就是：要知曉你們與神的關係，你們是一樣的，但是你們遺忘了，所以你們必須要回想起來。去做任何可以幫助你們回想的事情，去除掉一些障礙，以便重新回想起來。

首先，讓我們來定義一些名詞。不過，我們必須知道，所有的字彙都是受到限制的，我們所要談論的真理，遠遠超越語言與智性所能理解的範圍。如同道家所言：「道可道，非常道。」那些用言語說得出來的，就已經不是真理了。佛陀也是這樣教導他的弟子：「佛曰不可說，不可說，一說即是錯。」也就是告訴我們，我們無法用思想、言語談論去理解什麼是神。由於佛陀這「不可說」的教導，佛陀和佛教經常被誤解為非神論主義。但其實佛陀所要闡述的就是神，或說是純意識，而那是超越受限的心、受限的智性所能理解的領域。只要我們持續以受限的心去認定神、定義神，神的概念就被框限住了。因此，佛陀告訴弟子，要先專心地把心思放在除去那些分離自己與本我的障礙。當這個任務完成了，無論我們用什麼名詞來形容祂，終極至上都會顯露浮現。

儘管存在「不可說」的說法，吠壇多學家還是積極努力地嘗試透視這些概念。梵是終極的存在、知識及喜樂[1]，是萬物生命的至善（summum bonum）[2]。根據吠壇多的詮釋，只有梵是真實的，其他皆為不真。那個不受制於死亡、衰敗和瓦解的，才是真實的，至於那些會轉變的一切，皆為短暫不真的東西。宇宙是不真的；如果它只是短暫的存在，就不可能為真。換一種方式來說明，宇宙並非不存在，但宇宙的存在受限於各種條件，與永恆真實的梵不可相提並論。

當你作夢時，夢境是這個醒態世界的延伸，你會在夢中創造另一個世界，裡面的人物和事件都栩栩如生。當你醒過來，那夢裡的現實就消失了。吠壇多學派認為，這個宇宙世界就好像是夢一般，當我們身處其中，從夢自身的角度看來，夢確實非常真實。儘管醒時或夢中的世界並非永恆真實，但我們也必須知道，世界的存在不是完全沒有意義。吠壇多學派將世界稱為「摩耶」（Maya），它雖然是一種幻相，但既不是絕對真實，也不是絕對不存在。摩耶，或說這世俗人生的大夢，是具有啟發意義的。舉凡是受制於時間、空間及因果關係的東西，都是會改變的，都是相對的。無論是痛苦和快樂，或者哀傷和悲慘，它們全都是摩耶。雖然摩耶具有啟發的價值，但它絕非永恆。如同一場夢可以幫助你去處理情緒和欲望，這世間的大夢（摩耶）也會為你創造一些成長的機會，讓你去處理自己的習慣和欲望。當你從中醒來時，摩耶就消失了。你覺醒之後，了悟了阿特曼，這原本存在的平面就會消失於迷霧般的回憶森林中，不見蹤跡。

阿特曼是真實本我，但小我的那些分別和相對的概念，讓我們與本我的知識分離了。這些內心的相對性是障礙，但它同時也可以是通往至高本我的大門。根據東方哲學，心具有四種功能。第一種是「私我」（ahamkara，又譯我執），或說自我，是你那個定義自己為「我」以及「我的」的部分功能。第二種是「心智」（buddhi，又譯布提），是屬於較高階的心，具有理解、決策及判斷等辨知功能。心智有如一面鏡子，它會反映出所有的感官和感知覺受，也會反映出心的所有念頭與認知。心智能夠辨別並比較各種事物。第三種是「心意」（manas），或說低階的心，那是負責產生及處理資訊的部分功能。第四種功能是「心藏」（chitta，又譯藏識、質多），那是一個儲藏庫，一個印象與記憶的資料庫。

我們內在具有兩種面向，一個是真實本我，一個是小我。後者不過是前者的返照。前者是永不磨滅的，超越變化的，而後者是快樂或痛苦的經驗者。

閻摩告訴納奇凱達說：「那絕對的一，就像是自我放光的太陽，其他（私我，或者受限的小我）就好像是它的形象或返照，有如光和影之間的關係，那個『一』就像是一個見證者，而其他則是吃著自己思想與行為的果實。」[3]

見證者就是阿特曼，西元八世紀印度偉大的聖人與哲學家商羯羅（Shankara）[4]說道：「阿特曼的本質就是純意識。阿特曼顯化了這個由心與物所構成的整體宇宙，阿特曼無法被定義。在意識的不同階段和過程，即醒時、夢時、眠時三種意識狀態，阿特曼始終保持著自我身分的覺知。阿特曼將自身顯化為智慧的見證者。」

《卡陀奧義書》說，阿特曼從未出生，也永遠不會死亡，祂比最小的原子還要微小，比最大的太空還要遼闊。祂隱藏在每個生命的內心之中。

商羯羅說，阿特曼不會隨著身體瓦解而消融，就好像瓦罐中的空氣，不會隨著瓦罐破裂而停止存在一樣。

不變化、不可變、無生、無死且永恆，阿特曼端坐在我們內在最深處的寢宮中，祂洞察內心以及個體的所有活動。商羯羅說：「祂是所有身體活動、知覺感官以及生命能量的見證者。祂看似認同所有那些，如同在鑄鐵時，火看似認同了鐵球，但祂本身既不主動尋求，也不被動受制於任何微妙的變化。」

《薄伽梵歌》（*Bhagavad Gita*）描述了阿特曼（本我）：

「祂從未出生，也不會死亡；祂既非從過去而來，將來也不會不復存在。祂從未出生，是永恆、長存的。這古老的一，當身體滅亡時，祂不滅亡。祂知道本我是不可磨滅的、永恆的，未曾出生的，不可改變的……」

（2.20~21）

「一如人在脫下破舊的衣服後穿上新衣，同樣的，這身體的主人在放下破舊的身體後，也要進入其他新的身體。」（2.22）

「武器無法劈開祂；火不能燃燒祂；水不能澆溼祂，風也吹不乾祂。」（2.23）

「祂是不被劈開、不被燒、不被淋溼，也不被吹乾的。是永恆、遍存、絕對與不動。祂是無處不存、無所不能、無所不知，祂就是亙古的唯一。」（2.24）

譯註

[1] 也就是吠壇多學派中，習慣用來描述無屬性的梵的本質：Sat（真實、存在、那個）、Chit（純意識，覺性）、Ananda（喜樂、至喜）。

[2] summum bonum 是拉丁語表達「至高的善」的意思，根據柏拉圖的哲思，最終人類會領悟到存有一個至高的善，那也是所有真善美的源頭，也可以說就是神。在中世紀，人們普遍認為：「與神同在」即是至高的善。這與《瑜伽經》說的「如神臨前」（īśvara praṇidhāna），以及《薄伽梵歌》中說的「時刻憶念神」呼應著相近的概念。

[3] 這個比喻也出現在《禿頂奧義書》（*Mundakaupanisad*），以不同的方式呈現：「有兩隻一模一樣的鳥，牠們是永恆的伴侶，共同棲息在同一棵樹上，一隻鳥吃著樹上各種味道的果實，而另一隻鳥不吃，只是在一旁見證著。」

[4] 商羯羅又被尊稱為「阿迪・商羯羅阿闍黎」（Adi Shankaracharya，或譯阿迪・香卡拉阿查黎亞），「阿迪」是第一、首席，「商羯羅」是他的名字，「阿闍黎」代表的是具有實證經驗的大師，而「商羯羅阿闍黎」整個語詞也代表著印度如教宗般的宗教領袖的職稱，因此這整個字本身就含有首席、第一聖師的意思，商羯羅乃是吠壇多不二論的創始者，認為萬有的至高本源是梵，梵永恆且超越所有二元。他為重要的幾部奧義書留下釋論，並在印度南北四方建立僧侶修道制度，至今仍被多數瑜伽行者與僧侶宗廟奉為先師。尊奉斯瓦米拉瑪為上師的喜馬拉雅瑜伽傳承，亦屬於商羯羅五分支門下「帕若提」這一宗脈。

Chapter 4

挖掘寶藏

在經歷過人生的動盪後，人們終於痛下決心要開始尋求永恆的祥和與快樂。我們要到哪裡去尋找這個寶藏呢？要使用什麼方法才能找到呢？回到第一章提到的，天使被指派任務，要把生命的意義隱藏起來的故事，這個寶藏就被藏在內在。我們也可以說寶藏被埋在一層層的自我、欲望、情緒、習慣，以及其他隱藏的思想型態底下。阿特曼（個體的真實身分）就在那裡等著我們。若要真正認識它，我們所要做的就只是了解這個事實，就只是需要朝著它去覺醒。如同佛陀的教導：開悟其實很簡單，只要輕輕觸碰燈光的開關，剎那即見光明。

把自我、情緒及隱藏的思想型態層層剝開，並不是一件容易的事。商羯羅說過，你只是在外面吶喊，寶藏不會自己跑出來，你必須透過探索找到它，然後把它挖掘出來。寶藏被深埋在底下，我們必須把累積在上面的那一堆殘墟破瓦先挪開。下決心要去尋寶，只不過是尋寶過程的開始，信心可以牽引出那些長久等在內心的承諾。但除此之外，還有一種感覺、一種聲音在隱隱呼喚著我們，這些呼喚原來遙不可及，如今卻是近在呎尺。掩蓋在寶藏上的那些殘破不全的東西，其真實身分就是摩耶，以及摩耶的結果。摩耶就是我們無法覺知真實本我的原因。一個求道者必須真誠地開始尋寶，並立即展開挖寶的工作。

是什麼將他或她這個人，與其真實身分切割開來的呢？那些蓋在寶藏上的岩石、塵土及瓦礫又是什麼呢？一個人要如何把這些東西移開呢？為了完成這項工程，我們還需要什麼工具呢？

這項挖寶工程就是世間人類存在的理由。知道要用哪一個工具，以及使用的時機，就是生命的藝術。這項工程就是「人生」，它是一趟尋找阿特曼的偉大冒險，阿特曼就是寶藏，就是人生的標的。

我們會慢慢地挖掘、剷除及脫離這一層又一層非真實、非永恆的本質，並透過這個過程從中學習。直到這項工程終於完工，我們了悟了自己的真實本我為止。這就是我們來到這世上的原因，這就是為何我們創造了這一切，這也是為何我們創作了這齣人生戲劇的原因，堪稱是橫跨全球取景，並囊括國際所有卡司的大製作。

人生的目標不只是要讓這部戲劇上演，而是要從中學習它所提供的教導。大部分的人都忘記這一點。他們以為自己人生戲劇的編導是上帝，或是其他的造物者，或是來自不可思議的浩瀚宇宙中數學機率運算下的偶發。他們也遺忘了，人生戲劇只是為了投注於所渴求結果的短暫演出。他們總是忘記人生不過是一齣戲，竟然把這戲劇當成了究竟的目的。人們錯過了這戲劇所要帶來的啟示與學習，只能徒然經驗巨大的痛苦與哀傷。

就是這樣，我們個人的發展被塑了形。我們不斷創作人生的戲劇，卻看不清這些天天上演的戲碼。我們錯把這些當成終極真理，被捲入痛苦、快樂、痛苦連番上陣的混合渦流之中。當某一天，我們終於可以領悟到人生有另一個面向，就能夠退一步，帶著距離感看清這齣戲。於是，痛苦淡化了，我們終於能夠明顯地看出這齣戲所蘊含的智慧及幽默。

每個人都自創了一個舞臺、一個實驗室、一齣戲。無論你選擇如何去理解，總之人們就是使用這些平臺，於覆蓋在阿特曼外圍的那些層層障礙之間串場。終於有一天，我們了解了自己的真實身分，知道我們既是臺下看著戲劇的觀眾，也是舞臺上被觀賞的演員。如同奧義書上說的，這世界僅有一個唯一，而每個個體都是同一片純意識大洋中的小波浪。

介於真實與非真實、永恆與短暫、超越與規律之間，這些障礙或遮蔽物的本質究竟是什麼？這世間將人們束縛在其誘引與痛苦之中，它的生命的構成又是什麼？如同我們已經暗示過的，世間存在的戲劇乃是一個陷阱，但它也同時是一條通往解脫的閘門。換一種方式說，根據吠壇多哲學，人心是解脫的障礙，但它也是鑽入、滲透並驅使我們進入最內在寶藏（阿特曼王國）的工具。

印度人對心的看法，與大部分的西方人或歐洲人迥然不同。就像勒內・笛卡兒（René Descartes）的名言「我思，故我在」所陳述的那樣，西方習慣用心思來定義人的存在。物質主義的思想家則認為，靈魂是依附身體的需要而存在，靈魂只是身體的產物。印度哲學的看法則與之恰恰相反，印度哲學相信：「我在，故我思。」並不是因為有了身體之後才產生出存在的意義，而是那份存在意識賦予了身體生命，啟動了身體的所有活動。真正驅動內心與身體的，乃是那個真實本我。

身體和知覺感官都是能量的產物，它們都依賴能量來維持生命，到了最終，這些產物仍舊得回歸為能量。這能量衍化了萬物，同時也是我們智性的源頭。能量生產出智性、心意及感覺能力，所有這些都是不同型態、不同模式的能量表現。吠壇多認為，首先存有的乃是那個純意識，「心」是那個純意識的微小火光，或說是純意識的一種投射。純意識和能量產生了自我，而那個至上終極則是整體本我和整體宇宙的源頭與背景。

換句話說，西方認為「心」是主人，而東方認為「純意識」才是主人。根據吠壇多，心是用來服務純意識的，它必須被調伏以便扮演好服務純意識的角色。而在西方，則認定心才是超群絕倫的主宰。如此截然不同的觀點，刻印出歐美文化與印度文化的明顯差異。

過去兩個世紀以來，「心」向外追求的傾向，引領了西方社會走向繁榮的工業化時代，也成就了高度先進的技術和科學發展。物質繁榮與資源消耗是西方文明的既定特點。就這些部分的發展程度來看，西方文化的成就著實令人印象深刻。但是，西方的哲學方法卻受到限制，因為西方大幅仰賴心的外轉面向，使得文化上的知識與經驗被限制在感官感知的領域之內。用這樣的哲學來解釋本我的神祕，就會受到非常大的限制，它完全忽略了應該把內在世界納入考量的觀點，不知道內在世界才是純意識居其永恆榮光的所在。陷入兩難的情況顯而易見，一個向外追求的文化可以蓋出高聳入雲端的摩天大廈，可以完成高度精密的心臟移植手術，也可以完成在高空飛行的長久夢想，但是這種文化的人民是否因此更接近內在的祥和呢？無論是自己本身或社會群體，有變得更祥和嗎？這個文化是否降低了對死亡的恐懼呢？藉由創造所有的工具來否定死亡、逃離死亡，以及把年長者藏匿在安養退休中心，這個文化是否反而放大了對死亡的恐懼呢？

「內在世界」是吠壇多與奧義書所談論的焦點，認為人生的目的是祥和、快樂及喜悅。印度哲學把「心」稱為「內在儀器」（antahkarana），並將之分別為四種功能。我們已經在上一章提及這四種功能，並將在這一章進一步解釋這四種功能的過程。它們分別是私我（ahamkara）或說是自我；心智（buddhi），也就是內心之中有智慧的那一部分，或說是高階的心，它負責處理辨別、知曉、決定及判斷部分的功能；心意（manas），也就是低階的心，用來產生及處理數據，透過知覺感官[1]來進行輸入及輸出；最後是心藏（chitta），這是潛意識的印記、情緒和記憶的儲藏庫。以上這四種功能彼此協調合作，每一種功能各自行使其專屬的特定工作。透過訓練和紀律，這四種功能可以彼此協調，然後讓心變成一個非常有用的工具，以幫助我們尋獲阿特曼。但如果這四種功能協調不佳、彼此分歧，缺乏訓練，它們就會變成修道途中強大的障礙。

因此，首先我們必須知道一個人的小我有些怎樣不同的面向，接著著手去訓練那些面向，並認識到它們並不是真實本我。《卡陀奧義書》以一輛馬車的比喻來解釋這些面向：靈性本我就是馬車的主人，身體本身是馬車。「心智」乃是駕車者，駕馭著被比喻為手上轠繩的「心意」；心意理應控制著感官，有如轠繩控制著馬兒們，如果這些馬兒未受控，就會任意奔馳在感官經驗的開放原野上。然而，很不幸地，我們經常無法真正理解這個比喻，沒有人教導我們如何讓心正確地運作，我們不知道該如何去訓練或規範心的哪一個部分。

「心意」的本質是受限的，它們習慣不斷詢問應不應該輸入這個或那個資訊？或是應不應該輸出這些資訊。心意應該只問：「這對我而言是否為良善的選擇？」心意應該把這些問題與「心智」溝通，而心智應該被訓練、被磨利，以便能夠提供答案，將答案傳遞給心意。

如果未經訓練，心意會占據太多權力，忽略心智的建議，在不具備獨立行動能力的情況下，卻擅自一意孤行。心意的內在與外在充滿了衝突。如果沒有純淨心智的協助，心意就會變成不確定性及痛苦的根源。隨著時間的流逝，心意的行動就慢慢形成了習慣。這就是為何印度人要複誦有名的〈蓋亞曲神咒〉（**Gayatri mantra**）的理由。這咒語的一部分就是在祈請萬能的上主來啟發我們的智性之光，也就是增進心智的功能：**Dhiyoyo nah prachodayat.**[2]

未受訓的心會產生的另一個問題是：私我或說自我，會不正當的奪取主權。未受訓心的私我本質是：它相信自己才是心的主人，是存在的中心。未受訓私我的力量非常強大，大到讓一個人忘記了自己的真實本質應該是神聖、崇高且永恆的。當「心意」嘗試去做自己無法勝任的工作時，就不會向「心智」尋求諮詢，而「私我」相信自己才是主人，結果就造成人類的受苦。

我們要去理解這些心的作用，這也正是聖保羅書寫以下文字的用意：「不要與這個世界同流，要藉由更新你的心來轉化。如此你才能夠知曉何謂良善、何謂可被接受，以及何謂神的完美意旨。」

聖保羅並沒有要我們去摧毀或壓抑私我。他使用「轉化」和「更新」這兩個字眼。心意有它的角色作用，但它是受限的。心智具備特殊的功用，所以請善用它。私我也有用處，但它的角色是受限的、非永恆的。私我就像是由一條條柵欄框圈起來的空架子，它在世間運作，但並不如我們誤以為的那般堅固，它只是心的一個面向、一個作用。私我並不是一個人的身分，它是一種被稱為自我的「我」感，將我們區別為一個分離的個體。私我收集了所有我們的感覺，形成了我們的個別身分。儘管私我是我們個別身分的製造者，卻不是終極的真相。「我」感或說自我之中，混合了兩種因素，一種是會變的因素，另一種是不變的因素。那個會變的因素，就是現象宇宙、身體及其對外在對象的感覺等等之基礎，也正是萬物衍化的起源。

心意和私我就好像是心田中危險的雜草。如果沒有好好照料，它們就會占據整畝心田。心意鼓吹著你去做這個、去做那個，它勸說你去撒這個謊就會省下很多麻煩，你去偷這個東西就會獲得滿足，你去享受這個歡愉就會快樂無比。而私我在一旁搧風點火地說道：是的，這樣很棒，這是為了我自己，而我自己是最重要的。

若是放任自己聽從心意的想要以及私我的種種「我」需要，把這當成行動的準則，那麼擺在眼前的就是一條充滿痛苦、恐懼，以及更多無知的不歸路。這條道路充斥著「我」和「我的」的占有、需要、得到及保有。

私我說，這個身體是我的，這棟房子是我的，這個配偶和這些孩子是我的。這種我與你有別的感覺，把每個個體壁壘分明地劃分開來，將整個世界分離成了他們和我。這也在每個人的內在中撕裂出隔閡，在真實本我與小我之間築起了障礙，從而創造出對死亡的恐懼。死亡意謂著我們將與這些所擁有的、想要的東西告別，因此讓我們感到害怕。如果我們認為自己就是這個身體，一想到身體的死亡，我們就會驚恐萬分，因為死亡就好像代表著我們的存在必須全然停止。

然而，當我們能夠訓練心智，並學會好好使用它，當我們問自己：「我真的需要這個嗎？我真的需要這個東西嗎？究竟什麼是身體？」的時候，心智會教導我們，身體不過是我們外在的身分模樣，就好像太陽在寧靜湖中的倒影一般，真正真實的是太陽，是我們的本我。當心的辨別功能，也就是心智被開發訓練了，人們開始變得可以覺知到，短暫的人生最後只會導致痛苦。於是心智開始去探索，最後做出結論：如果不將人生的目標放在那些繁華終將落盡的短暫上，最終我們有機會到達一個永不受苦的生命境界。

一旦心智受到訓練，原先對一個人來說模擬兩可的選擇，答案就開始變得顯而易見了。在我們能夠好好運用心智、紀律和明辨的藝術之前，心所採取的邏輯和習慣，總是喜歡去靠攏那些能夠立即帶來歡愉的選項。但是，心智之光為我們揭曉了那些短暫歡愉的真實樣貌，它讓我們看清楚，把自己的人生投注在那些無法恆常的東西，將會造成的後果。於是，心智開始導引我們走向行動之道，或任何能夠帶領我們走向至高本我的道途。心智會讓我們釐清「私我」以及「至高本我」之間的關係，並且解答其他種種的問題。

當心智無法正常運作，本我就持續隱晦不明而難窺其奧。生命被浪費在虛擲的努力上，只為了滿足心意和私我，忘了這兩者只不過是整體心（或稱內在儀器）其中的兩個面向。心意和私我是人類的工具，但是當它們篡位掌控了全局後，卻變成了主人。

心的第四種功能是心藏（chitta），這是一個巨大的無意識大洋，其中儲藏了我們的印象、思想、欲望及感情。從這座海洋中浮上的泡沫，其實是我們自己累世累劫，在過往生命歷程中，不斷投入到這片大海的收藏。對於大多數人而言，心藏就像是一杯佐料豐富的濃湯，其中有一些佐料的口感或質地強烈地蓋過其他佐料，有一些佐料有益身心，另一些則對我們有害。

這些心藏內的成分，會影響我們的言語、思想及行動。我們可能會對某些東西產生強烈的欲望，例如冰淇淋，或者對特定人格有著很強烈的反應，我們可能偏愛某一種天氣，或是對特定刺激會有情緒反應。這些欲望和反應似乎並不在我們的掌握之內，它們看起來像是莫名地從天而降。但是，這些思想和感情的產生並非毫無根據，它們都是從內在而來，而且是可以被我們擷取和控制的。但首先我們必須認識，或至少願意去接受這樣的論點：在我們的心中存有這樣一個巨大的感情和經驗的儲藏庫。接受這個事實或論點，我們就能夠有所依據地去行動、測試及探索。

要接觸潛意識心，首先必須先讓心海的表面（即有意識心）先安靜下來。在心海的表面，總是有一些不同程度的波動，心從一個念頭跳到另一個念頭，從這個跳到那個，然後又從那個跳回到這個。有時候這海面太過波動，有些時候則比較平靜。表面的意識心幾乎總是有一些活動正在進行，這使得我們很難接近深層的潛意識心。

了解心的各種功能並適當地訓練這些功能，乃是人類真正的責任。這是一項靈性的工程，因為一顆受過適當訓練的心，能讓內在的神聖願意向我們展現祂自己。就是這樣的責任和義務，可以為人類帶來祥和與喜悅。

第一步先要記得，我們真正的身分究竟是什麼，我們不是我們的身體、情緒、思想、自我或者心。我們是阿特曼（Atman），那神聖的純意識。我們的身體、心和自我，都只是用來服務阿特曼的工具。如果我們不願意去了解這個事實，難道不值得至少去接受「我們是神聖與永恆」的這個觀點嗎？難道不值得去探索神聖本質存在的可能性嗎？了解生命與死亡的關係，難道不是一個迫切重要的問題嗎？究竟是什麼死去了？是什麼活著？有沒有什麼是永遠不死的呢？

當我們理解了阿特曼才是一個人的必要本質，就能開始進行疏通阿特曼隧道的工程。其途徑必須先從理解心的架構和人類的構成要素開始。

第二步是要理解心的四個面向及其各自的功能，即心智、私我、心意和心藏。未經訓練過的心，其心意會假扮為不適任的角色，而私我則會奪取超越自己能力範圍的更大權力和權威地位。私我其實只是一個暫時性的架構，賦予個體一個形式罷了。私我並非永恆，它不是個體的真實身分，而是一個傾向自以為是主人的僕人。

心的四種功能必須被整合，每一個都有其必須扮演的角色，彼此必須協調、融合、互為支持。心意和私我應該只做好其份內的工作，不可逾越。心智必須被鍛鍊，並練習去做出讓人成長和喜悅的決策。

為了完成心的各種功能整合，我們需要更進一步了解心和情緒。四種基本欲求決定了一個人的情緒，也決定了這些情緒如何反映在心上。所有人類和其他生物共同擁有的原始基本欲求，分別是食物、睡眠、性及自保。從這些欲求的立場看來，人類和其他動物似乎沒有什麼不同。人類比動物更優越的原因是，唯有人類具備控制這些欲求的能力。

其他動物則只能受這些欲求的牽制，這些欲求決定並主導了牠們的生命。另一方面，人類能夠藉由善用心意和心智來控制這些欲求。如果心的各種功能無法協調地運作，這四種基本欲求就會呈現失調、不平衡及不健康的態勢。例如飲食失調、對某種東西上癮以及性生活的過度縱慾等，都會嚴重影響人類身體和情緒上的健康。睡太多、睡眠不足或睡不好，都是以上或類似情緒和健康狀況下的產物。

對死亡的恐懼乃是自保的中心議題，這導致了各種形式的廣泛恐懼，包含害怕失去自己所擁有的東西、害怕失去自己長久以來建立的人際關係、害怕飛行，以及其他各種恐懼症等。這些失調和上癮都有各自情緒上的情結，也會餵養心藏，塑造人格，並創造長年或甚至終生的習慣。

當所有心的功能真正被整合之後，一個人就能翱翔在開悟的更高層次。沒有任何一個偉人可以在缺乏心的全然整合的情況下，臻達自我了悟或開悟的境界。這樣的整合是需要努力、練習及技巧的。它意謂著要讓心變得專一及內轉。除非心可以被整合成功，否則它就不具備能力去執行善巧的行動。因為思考過程及欲望等更纖細卻強韌的繩線，會被留在道途中，成為解脫的障礙。

要開始這個轉化的過程，首先必須先培養出「你的內在有個阿特曼」這樣的概念。你會開始感覺到阿特曼，並且了解到祂是你最好的朋友。進行與自己的內在對話吧，提醒自己，你內在的真實身分。與自己對話後，你會發現外在世界中的所有好朋友，都不及你內在中的這一個。這個在其他地方都遍尋不到的內在本我，就是你最好的朋友。如果你學習與自己進行內在對話，會開始能與自己舒服愉悅地相處，至於外在世界的恐怖、對他人的恐懼、對各種情境的害怕等，全都會消失不見。那時，阿特曼的臨在，就會逐漸變得更明顯。

這內在對話需要搭配自我檢視的練習。對於熟悉及關心的任何朋友，你對他們的情緒覺察會很敏銳，也能夠耐心地傾聽他們。同樣的情況也適用於你與自己的關係，留心檢視你自己的感覺和思想。對自己溫和一些，就像你對待一個好朋友那樣，不要譴責你自己或者充滿批判。你將開始信任你的內在本我，也將慢慢了解到內在本我這偉大的導師，是一個始終如一、忠誠的好夥伴。

最後，你需要讓自己的心變得平靜。如同我們先前所說的，當心意未能受到良好的訓練，私我就會開始不受控制，心開始變得混亂而難以降伏。在此同時，心藏的內容物開始不斷地往意識的表面冒泡升了上來，個人就變成這個混亂狀態的奴隸，在不穩定的情緒和強勁欲望的枷鎖中猛烈地推拉撕扯。

這樣的風暴必須被平靜下來。平靜可以藉由靜坐冥想來建立，當一個人的身體變得靜止，呼吸安靜均匀時，心就開始變得能夠專注。當注意力集中，有意識心變得越來越安靜，心也會變得越來越澄明。

當你們到達這樣的靜坐冥想狀態後，清理心的工作才真正準備開始。開始要淨空一些舊的欲望、思想和恐懼，然後完整地整合心智、私我、心意及心藏的各種功能。透過完整的整合，心了解到，純意識原來遍存於一切，只有純意識才是真正的主人。那時，心就臣服了，因為它終於了解，原來自己的一切力量和權力全都來自純意識，也就是那生命的源頭。私我消失了，死亡得以被擊潰。

譯註

[1] 知覺感官：也就是嗅覺、味覺、視覺、觸覺及聽覺等感官能力。

[2]〈蓋亞曲神咒〉是一個重要的淨化咒語，梵文咒如下所列，並將斯瓦米拉瑪的解釋翻為中文給大家參考，梵文的發音很重要，在這個連結上可以參照斯瓦米韋達富有能量又正確的發音（http://inskyyoga.blogspot.com/2015/01/blog-post_1.html）：

Om Bhur Bhuvah Svah
Tat savitur varenyam
Bhargo devasya dhimahi
Dhiyo yo nah prachodayat

唵，祢是至尊主，是存在，智慧和喜樂之源泉！宇宙的創造者！
願我們足堪承蒙祢的選擇與接納！
願我們配得上祢的光榮恩典！
願祢確保無誤指導我們的心智，並願我們追隨您的領導走向正法之道。
（根據斯瓦米拉瑪的英文翻譯）

Chapter 5

學習死亡的藝術

Sacred Journey

閻摩教導納奇凱達，為了了解生命，必先了解死亡。同樣的，為了了解死亡，也必須了解生命。納奇凱達學習到，死亡並不是生命的結束，只是一個連續故事的暫時告一段落。死亡只不過是一個車站，就好像紐約市的中央車站那樣，只是從上一班列車下車，然後等待開往下一個地點的列車到來。

這樣的解讀並不是要我們輕看生命或死亡的意義。無論生命帶領我們走向何處，或者沿用這車站的比喻，無論我們選擇用怎樣的方式到達中央車站，那些生命旅程會決定我們到站時所呈現的內心狀態，同時也會決定我們來到這趟旅程的轉折點時，對於即將展開的下一段旅程的準備狀態。我們可以選擇一輛沒有秩序、管理很差的列車，或者一輛很乾淨、很舒服的列車；我們可以選擇一輛裝載種種誘惑和讓人分心的設施的列車，其中可能有美女的歌舞秀、令人炫目的電動遊戲，以及能讓人名利雙收的機會，因為我們深深沉迷於那些讓人目眩神迷、滿足感官刺激的東西，當我們要離開那輛列車時，勢必難以割捨，讓離開變得很困難。另一方面，我們也可以選擇另一種類別，一輛充滿安靜與祥和的列車，當我們還在車上時，學著去享受沿途的大自然美景，當車子駛到中央車站，我們必須離開時，我們能夠沒有眷戀，不費力地帶著滿心的歡喜下車。

納奇凱達選擇列車的正確態度堪稱典範，除了知識列車以外，其他的列車他都不願意上去。沒有其他事情可以引起他的興趣。無論是長壽、財富、異性、子孫等任何一種誘人的東西，比起他對真理及生死祕密的知識欲求，全都相形遜色。對納奇凱達而言，生命與死亡的奧祕，才是真正值得擁有的東西。

居於內在之阿特曼的永恆本質，是奧義書的中心主題。這是一個關乎死亡神祕性的祕密，一把了解人生的鑰匙：神遍布所有，神即是驅動我們靈魂的阿特曼，祂即是我們生命中的生命。阿特曼是永恆的、不變的，不受死亡制衡的。只有那些會朽壞的東西才會受制於死亡。會朽壞的東西只是為了服務人生，做為一種工具而存在，其目的便是為了幫助我們發現不朽的永恆。

死亡的是身體，身體是為靈魂造訪世間時提供遮蔽的衣裳。內在的本我保持不變，祂既不會死亡也不能死亡，因為祂即為永恆。

如同《薄伽梵歌》所說：「祂是未顯化的，並非思想的主體，經典告訴我們祂不腐壞；因此，認識祂之後，你不應該為任何人的死亡感到哀傷。」（2.25）

失去生命中摯愛之人，是令人悲傷的。當我們所愛的人死去，我們感到悲傷。為那份失去而哀悼是合情合理的，但是不宜過度延長哀悼的時間，過度的緬懷亡者是不健康的。人不可以因為哀傷而消磨心志，因為人生不可避免地必須面對失去和死亡。那也是為何有些文化或宗教設置特定服喪期間的原因。例如，猶太教徒遵循服喪的幾個階段，在埋葬一位摯愛之人以後，近親家族會服喪七日，在這段時間，除非緊急狀況，否則他們絕不離開屋子；他們也不刮鬍子、剪頭髮或者穿上新衣服。他們甚至不被允許坐在椅子上或穿上鞋子。這樣的服喪方式讓他們得以專心於哀悼。接著，他們會進入要求條件相對比較不那麼嚴格的二十三日服喪期。還有一些猶太人選擇遵從十一個月的溫和服喪期。

我們為自己的近親好友哀悼的同時，也對於自己終將面臨的死亡而心生恐懼。緬懷哀傷的期間總要過去，我們必須學會放手。這也是為何在歷史上，全球許多文化都設有放下、服喪以及透視死亡的各種風俗之理由。這些風俗幫助人們繼續過日子，然後準備自己的死亡。人類的生命就是一連串來來去去的生死循環。身體的死亡並不是靈魂的終結。本我是不變的，因此，超過時間限制的過度哀悼並非明智之舉。

如果對一個人而言，那些會流逝的一切才是最重要的東西，那麼死亡的陰影確實龐大而恐怖。如果死亡對那個人而言，意謂著生命所有重心和代表意義的驟然結束，那麼死亡所帶來的痛苦必然十分劇烈。但是，如果一個人學習去放下那些會流逝的一切，無論是一個物品或是一段關係，轉而只追尋那些能夠永恆不變的，死亡就一點也不令人害怕。它只不過是一個轉折點，一個換衣服的時刻點。因此，你可以哀悼，但不要過度及過久。同樣的建議也適用於任何你所失去的東西，無論是一段婚姻、一份工作、一些朋友、一個家，或是一場夢。哀悼它們，然後請繼續向前。

我們害怕死亡，害怕面對死亡所帶來的痛苦，追根究柢，其實都是因為我們對世間名相有著深深的執著，但偏偏這些都是會隨著時間流逝的東西。這其實既諷刺又充滿悲劇色彩，人們在世間追求著物質與人際關係，某種程度來說是為了否定死亡，是為了安慰自己人間壽命有限的真相。但這樣的療癒方法比病痛本身更糟糕。就是因為對物質與人際關係的執著，以及相信自己真的需要它們，強化了人們對死亡的恐懼。物質與人際關係的生性本就多變無常，這勢必讓人們一再經驗失落。這些東西並不會帶給它們的主人安慰，它們自顧自地轉變、衰敗，然後成為過往，一而再地敲著警鐘，不斷提醒著人們心中對死亡的恐懼。無論他們所執著的是身體、思想、習慣、物品或人際關係，這些終將凋零衰亡。這些執著會創造、再創造，強化、再強化，不斷重複提醒著人們對失去和死亡的恐懼。就是這樣的周而復始，讓生命變成一場悲劇，讓死亡變成一部恐怖片。而要從這些悲慘與恐懼中解脫的關鍵，就是要放下執著。

生命的所有事件都嘗試在教導我們，生命始於走出死亡。在人生過程中，我們會有一股衝動，想要去認識和感受那些會永生不死的東西。耶穌教導我們：「凡想要保全自己生命的，將失去生命；凡為我的緣故失去自己生命的，將尋得生命。」[1]耶穌接著說：「一個人即便賺得了全世界，卻賠上了自己的靈魂，這樣對一個人到底有什麼益處呢？」[2]

耶穌的意思是，凡是執著於世間生命以及這塵世身體的人，都會在死亡的那一刻失去它們。但是，凡是放下對這世間生命及塵世身體的執著，轉而認同基督所代表的永恆上帝意識的人，將獲得永生不死的生命。即便我們擁有這世間的所有財富、所有歡樂，又有何用？它們都將在我們稱為「人的一生」這一瞬即逝的閃光中消失。如果我們把精力都放在追求這些世間的逸樂，會讓我們分心，讓心無法專注，無法朝著內在本我的尋求之道向前邁進。

佛陀為我們講解了四聖諦[3]：人生就是痛苦，所有的痛苦都有其原因，我們可以停止痛苦，要停止痛苦有其方法，或說解決方案。佛陀的解決方案就是：堂堂正正地活在人世間，積極地貢獻社會，並愉悅地享受這生命的旅程。而這個方法必須面對並處理「欲望和執著」這兩個痛苦的根源。

佛陀說道：「對一個已全然擺脫執著之人而言，他不再有哀傷，更不會有恐懼。渴求會帶來哀傷，渴求會產生恐懼；對一個已經全然擺脫渴求之人而言，他將不再有哀傷，更不會有恐懼。」[4]

佛教另一個經典提到：「放下欲望，即了悟永生。」

聖保羅也說：「要將你們屬世的各個部分治死。」[5]

我們在人生的初始階段，通常會得到這樣的訊息：我們可以透過獲取各種物質以及從人際關係中得到快樂。但是，萬事萬物都會遺失，人際關係也會改變，我們原以為的獲得，最終竟成了痛苦的來源。我們認同了自己一連串的情緒和思想，而這些也同樣夾帶著苦果。我們認為自己就是我們的身體，而當身體隨著生病或老化而轉變，或者我們眼看著他人的身體因為生病或老化而轉變，我們就開始感受到痛苦。

我們可以把痛苦視為一記警鐘，它提醒著我們，生活的某個層面出現了不平衡。失去物品、關係改變、情緒和思想流轉，以及身體惡化所帶來的痛苦，究竟在傳遞怎樣的訊息給我們呢？或許我們會認為，它有可能只是在告訴我們，這就是生命的真實模樣。我們誕生來到這個世間，努力掙扎著去獲得我們認為自己所需要的東西，然後在這個過程中經驗了失去的痛苦，故事發展到這裡就寫下了結局嗎？這樣聽起來不太有道理呀。就好像一個人感覺到腳痛，然後這腳痛轉變為發炎，這個人難道會說：「這沒什麼，事情本來就會這樣發展，人們天生就有雙腳，自然到了某一天就會面臨腳發炎的狀況。」殊不知，這發炎會逐漸蔓延至整條腿，最後要了他的命。也就是說，僅僅樂天知命並非理性的反應，這個人應該要知道這個痛乃是身體出現問題的癥兆，提示人們應該照顧好自己的身體了。「痛」是一個問題，他應該開始著手去尋找這問題的解決辦法。同樣的，生命中的痛苦也是在告訴我們，我們錯誤地解讀了自己與事物、人、感情、思想和身體的關係。

事實上，我們依賴著那些事物、人、感情和身體。我們認同了它們，並對它們產生了執著。當這些東西離開了我們，或者發生了變化，我們就會感覺痛苦。這些伴隨著無知的執著，就是恐懼死亡的源頭。我們越是執著，對死亡的恐懼越會加劇。那些沒有任何執著的人，那些認為自己在生命中沒有擁有任何東西的人，都知道自己的身體只是一個工具，因而能夠真正擺脫恐懼，獲得自由。

所謂執著於什麼東西，或者認同什麼東西，是什麼意思呢？執著意謂著我們相信需要某些東西來使自己可以存活，這其實是自我在作祟。自我說著：「我是如此的重要，我需要擁有這輛車子，這輛車是屬於我的，代表了我的成功，幫助我提高自己的身分地位。」或者，自我可能這麼說：「我必須得和這位女士交往，沒有了她，我就不可能快樂。萬一她離開了我，我的心將會永遠破碎，生命將變得沒有一點意義。」人們甚至會執著於某些特定的概念。舉美國文化為例，美國人在成長的過程中，一直對人生應該是什麼樣子有一個既定的模型。他們從小就認為，自己長大後就該有一段美好的婚姻，住在一棟四周圍著美麗的柵欄和花朵的白色房子裡，還要有可愛的子女。他們還預見自己將會擁有越來越大的房子，會買第二輛車，在郊外的風景勝地擁有第二棟別墅，還會提早退休。這些概念都是文化影響下的產物，而當實際的人生沒有照著這份理想的藍圖走，他們就陷入了痛苦。他們感覺自己的人生好似被施了邪術，被命運百般地捉弄。

這些都代表著你認同自己所創造出來的形象。你看見自己，認為自己就是住在有著花園的白色宅第中，過著完美生活的這個人。你認為那就是你。但是，那不是你，不要對這些形象產生執著。要學習讓生命流動，接受生命河流中所有的起起伏伏。

同樣的傾向作用，也發生在帶有情緒的低階之心上。當我們生氣時，我們認為：「我生氣了。」請問，是誰生氣了呢？認為「我生氣了」一事，代表你開始認同情緒，以為情緒就是你自己。但我們不可能是情緒。生為一個人類，我們確實具備憤怒以及經驗憤怒的能力，但是，不要混淆了，我們既不是憤怒本身，也不是其他任何的情緒。

同樣地，我們也不是我們的身體。我們擁有身體，但身體只是為我們所用的工具。當我們描述著：「我六尺一寸，金頭髮，藍眼睛。」好像你就是那個身體特徵。雖然我們不是那個，卻經常以為自己就是身體或身體的特徵。當別人批評我們的外表時，我們就感到受傷；當我們發覺自己的身體隨著年紀老化了，動作變得遲緩了，我們就感到害怕。大部分的我們仍然只停留在身體的意識層次，這也是為何我們會認同自己就是身體的原因。惟當我們學會去分辨會朽壞的自我以及不朽的本我，才開始啟動了明辨的能力。

死亡不會碰觸到真實本我，但人們很難相信這樣的概念，因為人們是如此強烈地認同著身體，以及環繞在周邊的世界。僅僅因為人們無法覺知某些事物，並不代表它不存在。

閻摩這樣告訴納奇凱達：「當我們除去所有的欲望與激情，當完美的靜止遍布了一切，會死的凡人就變成了永恆的生命。」那就是關鍵。死亡不意謂著終結，因為死亡影響不了本我。生死的循環並非是一種隨機且不幸的遭遇，它是一個引導。

道家的哲學家莊子這麼說：「生非開始，死非終結，有一無限之存在，有一無始之存續。有生亦有死，有出亦有入，依彼出入卻不見其者，乃神之門戶。」[6]

生命是一部連續的奧義書，引導著人們去追尋永恆，並認同那永遠不變的存在，而不是認同那些不永恆的事物，唯有如此，才能夠克服死亡。

根據吠壇多，我們之所以存在並不是因為這個身體，而是因為我們的本體存有。是內在本我創造了這個身體。在睡眠的時候，我們對自己的身體失去意識，但是並未停止存續。物質主義思維者卻翻轉了這個看法，他們認為身體才是一切的根本，宣稱身體才是我們存在的證明，即便真有一個內在的存有，那也不過是依附在這個身體的附屬品罷了。吠壇多的說法則與物質主義者相反，吠壇多認為是純意識讓我們感覺到身體的存在。

死亡並不可怕，我們必須了解它在生命中扮演的作用。我們應該接納死亡是一個事實，這樣的接納可以幫助你去了解，此生的生命是短暫的，世界只不過是一個旅途中的月臺，而你來到這個人生旅程，是為了學習和成長，這趟旅程終歸必須有個終點。

聖保羅將生命比喻為一種輕微、短暫的苦楚，這苦楚可以幫助人們準備好去迎向永恆的榮光。他說：「人生中的每一件事，都是為了要完成靈性的工程。」莊子的說法相較聖保羅或許略顯晦暗，但他所企圖陳述的是同一道訊息。莊子說：「把生命看成一個腫脹的膿瘡毒瘤，將死亡視同一顆膿瘡排膿了，或是一粒疙瘩裂開了。」[7]

在看清死亡真相的同時，我們要記得，神，或說那永恆的真實，就居住在你的內在之中。死亡提醒了你，不要對這世間產生執著。從世道中學習，但要懂得放下。要把身體看成一個工具，它為了我們此生的目的而提供服務，而死亡就只是代表它的工作已經完成。

譯註

[1] 出自《馬太福音》（16:25），《和合本》譯為：「因為凡要救自己生命的，必喪掉生命。凡為我喪掉生命的，必得著生命。」

[2] 出自《馬太福音》（16:26），《和合本》譯為：「人若賺得全世界，賠上自己的生命，有甚麼益處呢？人還能拿甚麼換生命呢？」

[3] 即苦集滅道。

[4] 此佛陀說法出處為《法句經》，中文有多種版本翻譯，此處依照斯瓦米拉瑪的原文翻譯，在此提供「了參法師」的版本：「離執著無憂，何處有恐怖。從愛欲生憂，從愛欲生怖；離愛欲無憂，何處有恐怖。」

[5] 出自《歌羅西書》（3:5），《和合本》譯為：「所以要治死你們在地上的肢體。」

[6] 此處依照斯瓦米拉瑪的原文翻譯，出處應是《莊子．庚桑楚篇》中：「出無本，入無竅，有實而無乎處，有長而無乎本剽，有所出而無竅者有實。有實而無乎處者，宇也；有長而無本剽者，宙也。有乎生，有乎死；有乎出，有乎入。入出而無見其形，是謂天門。」或許是由於作者斯瓦米拉瑪採用的《莊子》英文版的版本或拆句的關係，前半句並未全然對應，後半句則確實對應無誤，僅提供參考。

[7] 這出自《莊子》的第六章，其中有個故事是：修道者子桑戶、孟子反和子琴張三人是道友，子桑戶去世時，孔子的學生子貢前去弔唁，卻發現孟子反和子琴張在那裡彈琴唱和，不見肅穆，於是回去請教孔子。而這段話其實出自孔子給子貢的回答：「彼方且與造物者為人，而遊乎天地之一氣。彼以生為附贅縣疣，以死為決疣潰癰。」意思就是這幾位修道者，他們認同大自然與天地合為一氣，其生死觀與世俗迥然有異，生對他們而言是累贅的膿瘡，死則有如膿瘡化膿，擺開束縛。

Chapter 6
懷抱目的而活

Sacred Journey

只有當我們的人生有了目的時，我們才有可能去除對死亡的恐懼，並且好好地享受生命。我們需要問自己，我們的人生是否有目的，人生的意義是什麼？通常，我們在經驗了從繁華中墜落、在人際關係上受挫等巨大的痛苦之後，才會開始詢問類似的問題。我們開始發現，在獲得更多的物質財富、名聲或權力後，卻依然感覺空虛，發現那些東西所帶來的快樂居然瞬間即逝，如此短暫。這時，我們才開始追問：「如果財富、名聲和權力都不能為我帶來快樂，那麼究竟什麼東西才能帶給我永恆的快樂？」

出於痛苦，我們開始懷疑，人生是否存在更多其他的可能，生命是否不僅僅侷限在感官所能經驗到的部分。雖然我們可能只是在臆測，畢竟我們對任何超越有形世界之事所知有限，長久以來我們大多只仰賴那些看得到的、聽得見的東西。然而，在我們心中似乎依然有一種幾乎聽不見的內在耳語，告訴我們必定還有一些超越這些的東西，哪怕只是一點點的可能性，都值得我們深入去探索追尋。

探索始於建立起「生命不該只是這樣」的哲學。那樣的哲學至少提供了一個方向。有了這樣的哲學基礎，生命開始變得更有意義，並立刻開始呈現不同的樣貌。想要學習更多的企圖心，讓我們得以開始聚焦，而聚焦可以收集能量，光是這樣就能夠讓我們感受到喜悅。

儘管目標模糊，而且激勵我們去探索的動機，依然只是來自深層內在的輕聲耳語。但我們已經能夠以不同的眼光去看待生命中的對境和人際關係。那些世間的對境和關係不再成為我們生命的中心，因為失去它們所衍生的痛苦或恐懼，已經不再如此強烈。

這樣的哲學觀暗示了相較於擁有、收藏之外，生命還有更大的意義，抱持這樣的觀點使我們生命的氛圍發生改變。一種自由感開始成長，慢慢地，我們開始感知到，原來真正重要的事情並非擁有或收藏世間的事物，而是另有其他——那個其他或許就是去給予以及放手。

但是，這些想法依然只是我們內在的一段極為微弱的聲音，尤其相對於此，我們一生中不斷清晰聽到的是那些音量分貝更大的放送內容：去占有更多財富和權力吧！去享受感官的歡愉吧！一個好的人生應該要把這些事物優先放在最重要的位置！然而，那微弱的內在聲音依然持續迴盪在我們的耳朵裡。

第二步是去重整我們的人生。在經歷內心的巨大轉折以及舊習慣的改變之後，第二步是開始隨著個人能力的許可，慢慢完成個人的成長。例如，當我們的人生哲學從渴求物質轉變為追尋更偉大的目標，我們的需求就會降低。從物質層面上來看，生活可以變得更簡單，更沒有負擔。延續這樣的人生理念，生命可能變得更有意義。如同我們對物質層面的需求降低，我們也會開始觀察到，渴望與他人建立人際關係的需求也降低了。我們不再需要他人來給予我們什麼，不再像過去那樣依賴著人際關係，因為我們不再渴望從別人身上獲得什麼。透過這樣的轉變，我們就能在人際關係中變得更優遊自在。無論是婚姻、親子、孝悌或其他任何種類的關係，其中所重視的焦點開始發生轉變，我們從需要、索取慢慢轉變為給予。在情感層面上，生命的意義因此變得更為崇高。

這個哲理和重整，通常也意謂著我們的生活型態變得比較不那麼奢華，也比較不需要一些其他的刺激來轉移注意力。我們開始變得比較願意去給予，需要的東西變少，開始關心健康的變化。我們發現一個非常諷刺的現象，通常最害怕死亡的人，卻盡做一些加速死亡過程的事情，例如吃得過於豐盛、總食用對身體負擔很重的食物、飲用過多的酒品，以及養成抽菸的習慣。出於對死亡的畏懼，他們把注意力轉移到感官的享受上，而這些感官上的刺激卻會加速催促死亡的來臨。當我們認識到「生命遠遠超過這些」的哲理之後，自然就會開始注重更健康的生活飲食，也會開始主動做更多運動。

其他的改變也會慢慢發生。過去我們可能認為生命中最重要的是物質和感官上的富足。當我們慢慢走出這樣狹隘的觀點，擴大了視野之後，不僅會開始改變我們的生活習慣和人際關係，對世界的看法也會有所不同。如果我們不再認為，自己不過是偶然降臨到這顆星球、我們的人生目的只是為了盡可能地掠奪，那麼我們就能夠看見其他人也跟我們處在同樣的情境。如果我們知道自己之所以來到世上，是為了一個更偉大的目的，那麼，我們就應該知道所有同棲在這顆星球上，超過五十多億的其他人類也是如此。我們對於群體的概念就會改變，我們的家庭就會開始擴張。我們開始了解到，人們同屬於一個全球群體的一部分，儘管我們可能走在不同的道途上，卻都是長途旅程中相伴的兄弟姊妹。

我們不再去做那些傷害他人的事情，也不再去傷害我們所居住的世界。假使我們的工作造成了環境的污染，或者對他人的生存造成困難，我們就會感覺自己有義務去尋找其他更合適的工作。

在此同時，我們不再感覺到，那些與我們有所不同的他人會對我們構成威脅。如果這顆星球上的五十多億人，都是為了更崇高的靈性目的而來到這裡，那麼，人種、膚色、信仰的差異，到最後都會變成很表面的概念。這些差異，以及在這星球上發生的每一件事情，都只是為了實踐更高的靈性目的而服務，不同的種族、膚色及信仰都只是朝向同一個目標的不同道路。原本我們沒有來由地認為，這些多元的種族、膚色及信仰上的差異，將會對自己的權益產生威脅，但當我們有了「我們皆是同一」的認知，那些由於偏見而產生的恐懼就會慢慢地消失。

在東方哲學中，這樣以寬闊視角來重新整合一個人的生命，稱為「達瑪」（dharma）[1]。這個字的其中一個意思，就是讓個人行動與人際關係、在地或全球的社群關係，都能夠以和諧的方式運行，依照這樣的原則去進行的生命重整，就稱為「達瑪」。它隱含了道德、正直及美德。那是一種由無私、不傷害、慈悲、不占有及不貪婪等原則所引導的人生，除了應用在個人的人際關係上，也進一步擴及全球社群以及地球本身，目標是朝著靈性健康的人生邁進。相反地，如果一個人自私、傷害他人、以某種方式傷害了這個社群，或對特定人、物企圖占有，那麼，他的生命就只會不斷收縮窄化，靈性的進步必然遭受阻礙。

達瑪的另一種詮釋可以說是「命定」。達瑪是一個人在人生中必須擔負的責任。用另一種方式來說明，達瑪是一個人能夠將這一生做最佳的利用，以便最有效率地達到人生目標的道路。

一個人的達瑪，也與一個人的業行（karmas）和印記（samskaras）有關。一個人需要去學習、燃燒以及捨棄一些什麼，以便讓靈性生命可以持續前行呢？怎樣的達瑪能夠幫助這個人的學習和燃燒產生效果呢？無論一個人的達瑪是命定成為一位木匠、社工、消防員、護士、電腦技術人員、母親或父親、加州人還是義大利人，其實都沒有太大的區別。從一個全盤通用的觀點來看，沒有任何一種達瑪好過其他達瑪。一個人究竟適合哪種達瑪，純粹是以其是否能達成靈性進步的立場來決定。也許有些人的達瑪適合成為一個小農或清道夫，這個達瑪對此人所能提供的靈性進步有效性和效率度，絕對不會亞於那些成為總統或教宗之人的達瑪。根據每一個人的靈性需要，他或她都有最適合自己的達瑪。

因此，最重要的是，我們應該去尋找並建立個人的達瑪，那個達瑪可以提供個人需要遵循和發展的價值體系，可以幫助我們認定，在個人成長過程中擔負起哪些責任對我們最有幫助。

在這個探索的過程中，除了世俗的生活，我們需要尋找出一條靈性的道路。要進入內心的地理環境之前，我們都需要一本導覽書籍。我們都正邁向一段神聖的旅程，前往我們真實的、神聖的本質去朝聖。儘管那神聖的本質是如此靠近，也如此熟悉，它卻仍被埋藏於由我們的思想和欲望所交纏糾結的深層洞穴之中。

世界上所有的宗教和靈性系統，都是因應人性的渴望而產生，都是因為我們迫切地想要了解真理，了解自己的真實身分。在所有這些不同的系統中，都內含一張毫不藏私、開放與眾人分享的真理地圖。有些地圖用梵文書寫下來，有些則是以拉丁文書寫，有些則是以希伯來文、阿拉伯文或是中文。有些地圖提供海路的路徑指引，有些提供陸地的路徑指引，有些則提供天空的行進路徑。有些追隨者依著導引從某一條道路一直走到真理的山邊，而其他人則遵循其他的道路到達。然而，無論跟隨哪一條道路，所有人最終都會來到同一座真理的巔峰。

我們通常會依照自己的文化來選擇皈依的宗教系統。宗教都是根據各自的文化逐漸發展開來，目的都是要服務人群，依據其各自的生活型態、環境及歷史，來達到各自追求的靈性目的。伊斯蘭教崛起於一個特殊的文化、歷史及當地團體的需求，同樣的道理，佛教、基督教、猶太教，以及世界上所有的宗教系統都是如此。沒有任何一個宗教優於其他宗教，它們只是反映了該文化、時代以及各自的需求。從現實的觀點，印度教就是一種生活方式和生活哲學，並不是宗教。

當世界隨著多元繁複的溝通系統而縮小了距離，要與其他文化分享宗教系統的知識，變得更加容易。如今，全世界的人們都受惠於多元想法與技術的交流。本世紀中葉，東方哲學開始大量被傳遞到美國及歐洲，這就是宗教、文化交流分享的一個絕佳範例。

然而，我們必須牢記，靈性的紀律在轉變為宗教系統之後，已經被重新詮釋了。一些原本是因應迫切的靈性需要而出現的宗教機構，逐漸背離了原初的靈性立意。耶穌說過，他並沒有創造出任何宗教，只是將真理傳達給人們。然而，宗教系統慢慢發展開來之後，卻隱藏了當初耶穌所開示的真理。真理始終都在，但是圍繞在真理外圍的，是現在這些所謂新的宗教機構，以及他們對真理的重新演繹。

舉個例子，耶穌曾經說過：「我是道路、真理以及生命；除了透過我，無人能夠來到天父的面前。」他所謂的抵達永恆生命（梵〔Brahman〕）的道路，就是知曉「阿特曼（Atman，純淨本我）就在所有人的內在」。後來，形式上的宗教機構攫取了耶穌的這句話，把它轉變為宗教上的大棒槌，強求所有人都要加入宗教組織並遵守教條，否則就注定要沉淪。

伊斯蘭教也有同樣的例子，蘇菲教派對伊斯蘭教進行了內在的研究，極度深刻地研讀並挖掘伊斯蘭教的經典真義，於是重新展現出其智慧的精華。我發現所有宗教的分享內容都是同一的，都闡述著同一份真理。但只有少數的幸運兒了解到這個萬法歸一的事實，並知道是神職人員及教會斷章取義地詮釋，在世間創造出了困惑。

同樣的現象也發生在所有的靈性系統中。機構的設立應該是為了保護真理，應該是為了讓社區更能凝聚在一起而成長。那個才是宗教的意義，宗教的英文字 religion，字根源自拉丁文 ligare，這個字的意思是把擁有同一種特質文化的人維繫、綁定在一起，例如那些具有相同宗教信仰的人群。然而現實中，宗教卻經常自己賦予宗教另一種生存的意義，忽略了真理原本的涵義應該是要去教導眾人。機構及其領導人變得比真理本身更重要，這樣的做法經常導致政治干預、偏見歧視、刻板教條及派系紛爭，有時甚至造成宗教團體之間的流血衝突。他們在心中自我催眠並宣稱：「我們才擁有真理，你們沒有，神與我們同在，不是與你們。」所有以宗教為名而爆發的不公義和傷害，全都是這種態度下的產物。宗教領導者過度自我，因而創造了一種情勢，他們讓信奉者對領導者產生崇拜或畏懼，原本靈性追求的目的則已被忘得一乾二淨。

我們真正渴望的道，應該是去回應每個人真實的靈性需要，而不是去對應任何一個機構的私利，或者去呼應機構領導者的異想天開。在真正的靈性系統中，機構及其領導人應該都只有一個存在的目的，那就是竭誠服務機構的會員和信奉者，滿足他們的靈性需要。

譯註

[1] Dharma 這個梵文有多種解釋，佛教經典多翻譯為佛法，其實這個字普遍存於印度古文經典，依照古經中的意思，經常被翻譯為：德法、正法、如法、正道、美德等，有時也指萬物的本質、一個人天生被賦予的使命，或者支持一個社會倫理的律法等。由於很難用一個中文單詞來翻譯，因此選擇音譯為「達瑪」。

Chapter 7
枷鎖或自由

在建立了你個人的哲理、重新整合你的生活，然後找到屬於你的達瑪和靈性道路之後，在踏上靈性旅程之前，還有另外兩個應該預先完成的步驟。

首先，你要開始為自己的人生負起責任。在今日的時代裡，這個觀念對於美國人而言似乎特別重要，因為在美國，許多人都習慣把自己不幸的遭遇怪罪於他人或其他的情境。他們或許遭受過父母的虐待，被父母忽略，或者在任何其他方面，感覺不被父母重視或理解。於是，這些人成年後，把自己不愉快的婚姻、與子女相處的困難，甚至職業生涯上的失敗，全都歸咎於原生家庭各種面向的疏失。

或許父母的確虐待、忽略或無法理解子女，他們依照自己認為最好的方式來盡為人父母的責任。毫無疑問地，一代與另一代之間確實會有一定的連結，如果為人父母者虐待了自己的孩子，確實會產生一些後遺效果。然而，當孩子開始去了解原因和結果之後，就要讓自己放下一味地譴責，不要再把責任全部推卸給父母。除非孩子能夠做到放下，否則自己將無法向前邁開步伐去展開自己的人生，他或她仍然會受制於過往的種種。

有些人則把同樣的指責，歸諸於兄弟姊妹、配偶及孩子。同樣一把火再繼續向外延燒到政府、教育體系、文化及歷史。無論自己的人生出了什麼錯，都把責任推給不公平的兄弟姊妹關係、不夠關心自己的配偶、索求無度的孩子、過重的稅賦、不完美的學校，或者出生在不對的時代等。

「業」（karma）這個字，在西方文化中成為一個主流用字。令人遺憾的是，這個字在西方社會經常被錯誤地使用，它的意義經常被扭曲。在現代西方社會的新辭典裡，「業」這個字被輕率、錯誤地使用，他們把「業」解釋為命運，視同某種完全超乎自己掌握的東西。人們說著：「喔，這就是業，你還能怎麼辦。」又或者說：「這不是你的錯，都是因為有不好的業。」

用這樣的方式來詮釋「業」這個字，就暗示著我們相信某一些事情會莫名地發生，而這些發生的原因跟自己的行為完全沒有任何關係，這一切只能責怪是命運般的「業」的捉弄。這樣的觀點，把一個人對生命和情境的責任全然撇開，然後歸諸於一個抽象的、稱為「業」的概念，就好像有一道詭異的怪風冷不防地吹襲而來，你無辜地被迫承受它的影響。

然而，這不是「業」真正的意義。「業」並非一個來自東方，讓你朗朗上口就能擺脫窘境的字語。「業」意謂著你必須承擔自己生命中所發生的各種情境和經驗的責任。「業」意謂著你必須對自己的情況負起全責，是你決定了自己今日的情境。你是自己現在、過去和未來這一整棟人生架構的建築師。這樣說並不是為了創造你的罪惡感，相反地，開始接受你應該對自己的人生負責，可以讓你更有力量去前進、改變，然後成長。它意謂著你是完全獨立自主的，你的人生並不需要倚賴其他人的作法或想法。你不是一切生命情境、父母、自私的配偶、不體諒的子女、暴虐獨裁的老鬪、經濟蕭條或世界政治下的受害者。

在吠壇多的哲學中，「情境下的受害者」這樣的詞彙是不可能存在的。這些發生在我們周遭的情境，都源於我們自己的設計和意圖。根據吠壇多，這些情境，無論我們把它們貼上好或壞，令人愉悅或令人反感的標籤，都是我們為了自己的成長而創造出來的機會。那些所有一切的相逢與遭遇，其實僅是最純粹的呈現，就是一連串穩定遊行在你生命中的機會，讓我們可以從中學習並成長。當我們真正了解「業」的意義，並且願意對自己的生命全然負責後，這些成長就會真正地開始。

我們可以從另一個角度來省思這整個機制，例如，我們利用所做的夢來進一步了解自己的生命。我們普遍都可以接受「自己創造了自己的夢境」這個看法。夢來自我們的潛意識心，它們是從我們的思想、欲望及恐懼中產生的。這些夢對我們有一些用處，它們是一種自然的方式，能夠幫助我們釐清情緒以及未實現的欲望。至於我們醒時的生命狀態，與做夢時也沒有差別，就如同做夢的內容是我們創造出來的一樣，醒時的生活情境也是我們自己創造出來的，這些情境都提供了機會，讓我們可以成長，朝向能夠了悟自己神聖本質的方向前進。成長的關鍵就藏於那些讓我們感覺最不舒適的人際關係與情境之中。這些人際關係和情境會不斷地重複，並不是由於我們運氣不好，或者「業不好」，而是因為不舒適的情境和人際關係象徵了我們通往自由之前必須突破的障礙，只有在我們可以克服這些自我創造出來的障礙後，真正的自由才會到來。

我們需要重申，這些障礙本身並不具備好或壞的色彩。西方的文化把這些障礙稱之為原罪，好像人們天生帶有瑕疵一般。我們需要嚴正地在此聲明，西半球的人們長久以來就是因為這個「人們有原罪」的觀點而遭受痛苦。在我們剛剛陳述的這些哲學系統中，並不存在譴責，只是在傳遞一個訊息：我們需要用更恰當的觀點來了解生命的機制。罪的概念並不能啟發人們的自信，也不能激發人們想要努力向上。反之，它只會強化了「人類永遠都不可能完美」的概念，並且鼓勵一種宿命論式的人類存在意義。從這樣的觀點看來，如果人們想要獲得自由，就只能倚賴創造主高抬貴手，而不是倚靠個人自己的努力了。

吠壇多的人類生命觀點則絕非如此。讓我們設想一朵從球莖中成長而出的花朵，這個球莖需要特殊的情境條件，才能夠逐漸開花，而且為了讓花朵盡情綻放它的美麗，這些情境是絕對必要的。在這些情境條件中必要的元素，有球莖、泥土、溼度，以及能維持一段時間的特定溫度。或許有些人會說，球莖生長在一個骯髒、溼透、充滿細菌的環境中，是外皮堅硬、萎萎縮縮、一點也不吸引人的東西。但是，神的巧手卻讓球莖在開花時綻放出其獨特的美麗。有些西方宗教把人類的生命描述為一個不乾不淨的存在，若這世間有任何美麗，則全都歸功於人類自身之外的上帝。吠壇多則認為美好就是萬物的本質。球莖以它的本質存在，而當特殊的因緣俱足，它就能夠完全綻放自己的錦繡與燦爛，那屬於它原有的完美本質。同樣的，一個人只是處於一條自然的軌道上，朝著其原本俱足、全開的完美本我前進，每個人都處在對他最有利的生成條件中，靜待他邁向完美成長的發生。

業行（karma）是一種展現這些情境的方式。沒有一個人可以擺脫自己的業行。一個人的行為、言語和心思，就是所謂的業行。這個字同時也代表了每個人種下了因，無可避免地要收割相對應的果。這兩個定義彼此是相互連結的。每個作為都會帶來一種反作用力。每個因都會有一個果。每個念頭、言語和行為，也都會帶來一種特定的效果。無論我們在過去執行了怎樣的行動，其結果在現在及未來都必然會產生，而那就是我們所有痛苦和悲傷的真正肇因。一旦一支箭射出去了，它就必定朝著它被射出去的目標飛去，但只要箭還在我們的手中，我們就可以決定這支箭要射出去的航道。所有我們過去因為無知而犯下的錯誤行為，都會產生它們有害的效果，因此我們應該要謹慎，不要一再犯下同樣的錯誤。

這個哲學並不是為了故意嚇唬人們，讓他們害怕著曾經犯下的每個過錯的行為報應。仔細思量業行的概念，你就會知道業行的敘事鋪陳就像是進化過程的每個步驟，是從一個極其自然且非常有邏輯的立場出發的。

吠壇多是用長遠的眼光來看待這個過程，而這個觀點也解釋了死亡的奧祕，也就是納奇凱達希望獲得的解釋。納奇凱達知道，如果他能夠了解死亡的奧祕，生命的意義就會變得通透清晰。

根據吠壇多，這個奧祕就是：冥冥之中存有一種獨一的智慧意識，那個智慧意識涵蓋了所有一切的現在、過去及未來的狀態。我們所認同的所有名字和形相，稱為宇宙的每個部分，都只不過是純意識的片段、影子、反射及微光罷了。

在我們稱為「世間存在」的這個平臺上，人類生命的目的是為了要發掘真理的全部樣貌。世間存在只是一個外在的架構，目的是為了讓每個人可以走向真理。業行如同一條繩子，把我們綁在這個自己創造出來的，稱為「人生」的架構上。

我們可以認為「業」是痛苦的根源，可以把焦點放在是「業」讓我們承受著行動的苦果。我們可以認為是「業」讓我們被鎖在這世間，必須遭遇世間令人痛苦的不完美。然而，我們也可以換個角度，以一個更高的視點來看待「業」。我們可以把「業」視為一門課程，是為了讓我們的純意識攀向清澄高峰的必修課。事實上，那就是「業」存在的唯一目的。跟隨著「業」的繩索，在人生的迷宮裡前進，最終就會找到絕對的真理。在找到真理之前，我們不是持續在迷宮裡緩緩移動以邁向出口，就是走回這個世間人生的平臺。我們冒著過度使用這些隱喻的風險，在這一生中選了一系列的課程，然後下一世再回來選上更多門的課程，一而再，再而三地，直到我們完成了自己加諸於自己的功課，那就是我們所謂的「業」。以這樣的觀點來看待，死亡就僅僅是學期結束了，或者也可以說，死亡只不過是長句中的一個逗號。你可以把「業」當成一種負荷，也可以選擇另一個方式，把「業」當成一個自然的嚮導，一個具有教導作用且不可或缺的人生導引。

閻摩告訴納奇凱達說，那些處在無明黑暗中的人們，被財富和財產蠱惑了心竅，始終被困在死亡的牢籠裡，這些人只能不斷從一個死亡走向另一個死亡。「業」就是那一艘帶著人們不斷往返兩岸的船隻。直到旅程結束之前，它都是一艘必備的交通工具。業力法則是不可避免的，它並不會隨著人間的生命結束而終結。當一個人死去時，他的個體靈魂會帶著業力法則的種子一起走，死亡無法改變業力。死亡只不過意謂著脫下人體生命的外衣，這身由肌肉、骨頭和血液構成的衣服，而人類生命更微細的本質，那些思想、感情和業力，則會繼續被保存下來。

一個人所有的思想、感情及業力，都被儲藏在微細層次的心中。那些由行動和思想構成的印象，都會被儲存在心藏（chitta）的溫床而形成了印記（samskaras）。反過來，印記會再去促誘類似行為的產生，它們會塑造出每個人獨特的特質，包含人格上的特徵、個體的一些特殊習慣，以及對人、事、物的好惡等，這些就是所謂的習氣（vasanas）。

我們現在正在談論的是業力法輪，這是一個推動人們不斷從一個轉世再走向下一個轉世的輪動。我們行動、思考或渴求，所有這些都會在心上烙下一些刻痕，一種特殊的記憶。這個刻痕、刻槽，也就是所謂的印記。我們越是依照某一個特定的方式去行動、思考或渴求，這個刻痕就會越刻越深。從記憶中表現出來的傾向就是習氣，刻痕越是深刻，習氣自然越深重。例如，一個有強烈憤怒傾向的人，就是因為他過去以來累積了極為深刻的憤怒刻痕。越憤怒就意謂著憤怒的刻痕越深，而越憤怒就會越加強那個憤怒的傾向和憤怒的行為。

「業」並不是上帝的作為，而是個人的行為。因此，「業」必須由個人自己去面對、了解並完成。「業」是每個人本身的行為、思想及欲望的產物。除了自己，沒有其他人應該為你的業行負責。這是絕對準確、萬無一失的機制。每件事情都被精微地、全面地平衡著。短時間看來，人生好像一點也不完美，也不公平：為何有些人要比別人受更多的苦？又或者，為何某些人會生病，而其他人卻可以保持健康？為何有些人很富有，而有些人很貧困呢？從業行縝密精確的制高點上看來，人生是完全公平的。從生命驅動個人去完成自己所需要的演化和發展的面向來看，人生是百分之百的絕妙與完美。

如果把一個人的人生比喻為一艘有生命的航空母艦，一直在永恆的時間和無限的空間中航行，航向數十億萬光年以外，前方只有看來僅一根拇指大的目標。哪怕只有一丁點航道的誤算，這艘航空母艦就會被送到完全偏離的軌道上。但是「業」好比內建在航空母艦裡，專攻航道校正的定位設備，它會不斷地把人們帶回到原來的航道上。無論一個人已經偏離了航道多遠，「業」一定會盡力做好所有必要的校正，儘管有時候那可能是一些很嚴酷的校正。但它只不過是竭盡所能地護航與導引，幫助每個人通過那細窄的通道，航向那精密專一的目標。

「業」可以分為三個部分：過往之業、現行之業，以及未來之業。印度有句諺語說，如果你想知道一個人過去的所作所為，只需要觀察他的生活現狀；如果你想知道一個人的未來，你只需要觀察他目前的行為。關於過去發生的業行，現在已經來不及挽回，就好像那些已經被射出去的箭，有些已經落了地，有些還沒，你只能接受那些過去的業行所帶來的結果，並且從中學習。

認為沒有所謂的自由意志，認為整個宇宙的一切，發生在任何人、每個人的事情，都是被那個稱為「業」的東西所操控並預先做好的設定，這樣的想法是完全錯誤的。自由意志是存在的，這也就是「業」的真正關鍵，那些還未射出的箭仍然留在我們自由意志的箭籃裡。我們可以選擇要射出哪一支箭以及射出的時機，這完全是我們自己可以做出的決定，然後付諸實行，是我們的作為決定了自己的未來。除了我們自己，沒有任何事情、任何人可以決定我們自己的命運。未來的每個細節，無論好壞、悲傷或快樂，全都呈現在我們自己親筆畫出的人生設計圖上。透過自己過去曾有的作為、言語、思想和欲望，我們決定了從以前至今的生活樣貌。而此時此刻，我們也不斷做出一些選擇。業是因果的定律，但是自由意志最終能夠讓我們超越這個定律的束縛。

實際上這是一種保證和絕對的授權。與其把生活的各種情境歸究於上帝、命運或他人，一個人應該擔負全部的責任，成長的力量就會在這樣自我負責的態度中逐漸開展。從一個轉世到下一個轉世，從一個情境到下一個情境，為了到達「開悟」這個長期發展的目標，為了完成一個人在特定期間所需要的成長，一個人必須不斷做出一些創造與選擇。每一個靈魂選擇了自己所需要的雙親以及家庭的條件[1]，選擇了他在社會中所扮演的角色，也選擇了一生中輕鬆和不舒適交錯的比例，目的都是為了要提供一條朝向自由解脫的道路，一個不斷向前進步的完美機會。

這業力的發展過程，實際上會不斷地彼此交疊、纏繞，每個人當下所做的每一個反應或行為，都在慢慢地雕塑出各自未來的形狀。為了要讓特定的業能夠開展或燃燒，或許得花上好幾輩子。業果並不是取決於上帝，也不是他人，更不是運氣，而是取決於自己對自己業行的反應。無論一個人遭遇的是令人感覺歡喜，或是令人感到難受的情境，如果他可以學習抱持平等心，坦然接受所有的業果待遇，就能夠帶著喜悅和勇氣去展望未來，並超越業力的障礙。如果痛苦和悲傷都是來自過去行為的結果，為了避免在未來遭受同樣的痛苦，聰明的人們就應該停止去犯下更多導致痛苦的行為。

業力法則絲毫沒有妥協的空間，所有的一切都難逃業力法則的約束。

然而，如果你想要斬斷業力的繩索並征服死亡，還是有辦法的。那個辦法就是善巧地活著，懷抱目的地活著。隨著我們慢慢了解自己終其一生試圖擺脫的痛苦和悲傷的源頭，就會逐漸找到如何過著有目的、善巧的生活方式。慢慢地，我們可以了解死亡的本質，死亡是我們與生俱來的恐懼，不幸地，人們卻經常試圖逃離這個恐懼，不去正視它而選擇逃避的生活。

當人們源於恐懼而做出某些行為，就會創造出源於恐懼的業行及印記。除非我們能夠面對它、處理它，否則這些印記將會鼓勵衍生出更多的恐懼。如果一個人的認同對象是身體，就會非常害怕生病、老化、意外，甚至過馬路、遇見陌生人，或者任何其他有可能造成傷害的事件。因此，每天這樣膽顫心驚的生活，就不可避免地更會吸引他們所害怕的這些傷害降臨。這些恐懼將會變成一種習慣，而這樣的習慣會牽引人們走向危險和病痛。如果一個人的認同對象是工作，那麼工作上的任何改變都會令他感覺受到威脅，一旦失去了工作，他就喪失了自己的身分認同。如果一個人的認同對象是為人父母的角色，當孩子長大了，離開原生家庭，身為父母的人就必定得面對艱鉅的挑戰。

人們基於這些恐懼而從事一些行動。他們的生命圍繞著這些恐懼而固化成形。他們基於恐懼而產生了一些行動和思想，然後這些行動和思想又再度加強了恐懼本身，結果就替未來種下了全新且強烈的恐懼種子。這是一個強而有力，使人身陷囹圄的循環，唯有當一個人能夠自主的選擇時，才能夠改變這個循環。這業力的束縛必須被斬斷，而斬斷束縛是每個人自己的責任，這需要配合力量與勇氣。

生命與死亡的祕密，不僅僅是去尋找並認識自己真實的身分。在拆解這道生命的謎題時，我們還必須全方位透澈地剖析行動、言語和思想，我們必須去了解自己之所以會執行某些特定行動、說出特定話語，以及思考著特定思想的脈絡和原因。特定的行動方式有可能會讓我們持續坐困於世間的生命，落入無止盡的生死循環。用另一種方式做事，卻可以創造生命的喜悅，並且戰勝死亡。

要記得，是你自己選擇了這一生的種種。你在自己的旅程上探索，終於到達了這一個時刻。此刻對你而言就是最完美的時刻，在世間生活的同時，依然保持在靈性上求取進展。來到你生命中的所有人，無論是你的父母、孩子、配偶、朋友或是同事，他們全都是為了你的成長而構成的完美組合。

我們外在和內在世界的整體生命，全都受制於印記的鼓動，印記就是我們過去的思想、行動和選擇的留存印象。沒有人躲在背後為我們的善行或惡行進行賞罰，然而，我們自己的印記會促使我們產生特定的行為。這既然是我們自己種下的種子，當然也必須自己接受果實。當我們理解了自己生命中的這股驅動力，就不能拿著自己一手編導的人生，去歸咎於他人、大自然，或者歸咎於神主。我們的人生是自己創作的作品，我們的問題也都屬於自己，我們不應該在這些問題上抗爭，但是應該嘗試去理解它們。把自己生命中不好的事物怪罪在他人身上，並不會幫助我們解決問題。我們應該自我探詢：我們為這段關係帶來了什麼？我們為何選擇這樣做？探究這類問題，可以導引我們用更寬廣的視野來看待自己所遇到的情境，引領我們走向慈悲與無私。

如果沒有一個更宏偉的靈性格局，這個世界就是不完美的。這世界的本質就是會變化、會死亡，也會衰敗的，這世界的任何東西都無法保持終極的快樂，因為世間所有的一切全都會消逝、分解、改變。你不可能仰賴這世界把快樂帶給你，無論是這世界的物質或人際關係，全都是不可靠的。它們無法被依靠的理由是：它們無法持久，無法永遠保持在同樣的狀態，因為永恆本來就不是這個現象世界的本質。

這個世界是一個訓練場、一所學校、一齣戲劇。因為它的不完美而構成了最大的完美。這世界做為一個讓我們學習、成長的場域，確實是無與倫比的完美舞臺。它是你完善的創造，根據你個人的行為，符合你個人的需要而量身訂做的。

譯註

[1] 斯瓦米韋達曾經教導過我們，孕育一個孩子經常需要三年以上的時間，孩子的靈在尋找一個適合自己投胎的父母和家庭，因此嚴格說來，小孩並不是「兩個人」愛的結晶，而是「三個人」共同的決定。現代許多經歷瀕死經驗的人，也證實了這一點，他們在「天堂」看見了等待投胎的小孩如何努力地「撮合」他未來父母的相遇。

Chapter 8

自由之道

Sacred Journey

在上一章，我們已經描述了一些邁向永恆旅程的初步方法。首先，我們必須具備這樣的概念，知道確實有一些東西遠遠超乎了我們有限的認知，其次，我們必須要建立個人的人生哲理。你並不需要鉅細靡遺地詳述這個人生哲理，只要具有超越生命的趨向，就是一個很好的開始了。這樣，人們就會重新整合他或她的生活，朝著那個方向移動、接近。同時，那個趨向本身也會拉著人們改變生活型態、行為及思想。那麼，求道者就可以開始聚焦在他或她的達瑪（生命的職責）。同時，你處理人際關係的方式也會有所改變，你會更重視給予，而不是專注在獲得。最後，你開始負起自己人生的責任。這就是靈性生活的基礎建設，這樣一來，我們可以在活著的時候過著充實、豐富又具有目的的人生，然後坦然走向被稱為「死亡」的人生轉折。

除了這些走向靈性生活的初始步驟，還有另外兩個基本的先決條件：捨離（vairagya，或說不執著），以及勤修（abhasa，或說富含技巧的練習），這兩者都會幫助我們在靈性上獲得成長，彼此是連結且互補的。勤修的部分，我們留待下一章再來分享。

vairagya（捨離）這個梵文字有多種翻譯，如：不執著、無執或無視。我們不要把這個字和冷淡、缺乏情感、無生氣、麻木或其他類似的字眼混為一體。捨離絕對不是冷淡或麻木。捨離是一種振動的、開放的、擴張式的生活方式。更正確的定義應該是愛，應該是開放的奇妙能量、自由、喜悅、給予、無私及無懼。那才是捨離真正的意義。

吠壇多的捨離哲學告訴我們，你並不擁有任何東西，因此也無須為了失去任何東西而感到恐懼。你為了因應生活目的而需要的所有東西，都遍存四周且極其富饒。你沒有理由非得去霸占或變得自私，也沒有擔憂的理由。你只需要就現下身邊所擁有的，盡可能盡情地享受生命就好了。耶穌說的很清楚：「不要為生命憂慮吃什麼喝什麼，為身體憂慮穿什麼。生命

不勝於飲食嗎？身體不勝於衣裳嗎？」（《馬太福音》6:25）

「你們看那天上的飛鳥，也不種也不收，也不積蓄在倉裡，你們的天父尚且養活牠，你們不比飛鳥貴重得多嗎？你們哪一個能用思慮讓他的身量多出一條肘子呢？」[1]

「何必為衣裳憂慮呢？你想野地裡的百合花怎麼長起來，它也不勞苦，也不紡線，然而我告訴你們：就是所羅門極其榮華的時候，他所穿戴的還不及這花一朵呢！你們這小信的人哪！野地裡的草今天還在，明天就丟在爐裡，神還給他這樣的妝飾，何況你們呢？」（《馬太福音》6:28~30）

「所以，不要憂慮地說，吃什麼、喝什麼、穿什麼。你們需用的這一切東西，你們的天父是知道的。」（《馬太福音》6:31~32）

「你們要先求他的國和他的義，這些東西都會加給你們的。」[2]

不要去煩惱世間的事物，世間事物並不是你爭取或囤積的目標，它們都只是為了服務你靈性上的需要。如果你把焦點放在靈性進步的追求上，每一件你所需要的東西，無論是多是少，都會自然呈到你的面前。捨離就是這種信心的展現。

單就字面上的意義，**vairagya**（捨離）這個梵文字的意思是控制欲望。如同佛陀解釋過的，欲望是世間痛苦的來源，佛陀認為從廣義的角度，欲望就等同於執著。欲望把人們勾牢了、緊黏在對應的事物或他人，讓人們變得依賴，並擅自竄改了人生意義的定義。痛苦是執著唯一的結果，因此，根據佛陀的看法，想要遠離痛苦，就必須遠離欲望。遠離欲望聽起來似乎絕無可能，或者會被認為不夠健康或不夠人道，但是，如果我們從控制欲望並超越欲望來著手，捨離並非遙不可及。

在吠壇多哲學中，整體存在就只有一個「唯一」（One），也就是純意識、阿特曼、梵，或者其他不同方式的表達或界定。如果那是真的，那麼欲望一點也無關緊要，因為在那樣的唯一中，並不存在任何你所欲求卻還未到手的東西。那欲求者即是所欲求的對象。[3]

人類存在的現實是，只要我們還沒有完全認同自己是阿特曼，就還是有欲望。一個人必須透過征服欲望，才能走上以阿特曼為目標的道路。征服欲望必須透過捨離，而捨離有兩條道路，一條是棄絕出家之路，另一條則是履行責任和無私行動之路。除此以外還有第三個選項，也就是中道，在棄絕與履行責任之間取得平衡。

棄絕是一條非常嚴峻且困難的道路。能看透所有世間快樂皆是過眼雲煙的人，畢竟極為稀少，他們必須堅定地認為：「這些東西或人際關係、感官的享受等，都無法把我帶到神的面前，所以我要全部捨棄。」這是一條有如走在剃刀邊緣般的險路，這是走向寺院修道的道路，想要走上這條道路的人必須充分做好準備。所謂的準備是指一個人必須嚐盡人生所有的快樂，然後了悟到那些快樂最後只不過徒留空虛，缺乏真正的圓滿。

棄絕是一條走在火上的道路，棄絕者需要被完全淨化，捨離世間的執著。一般人充斥著各種欲望，無法跳入棄絕之路，宣示他要放棄一切。如果貿然跳進這條火的道路，火所消耗燃盡的會是他自己，而不是他的欲望。其中所牽涉的不只有欲望，還有欲望的燃料和欲望的副產品，包含所有生命中的失望、貪婪、情慾、怨恨、激情、憤怒、忌妒等，所有這些都必須被拋下，而如果缺乏靈性紀律的力量，要拋下這些是不可能的。

「棄絕捨離」的這條路，適合那些已經在先前燃燒了許多世俗欲望的人。他們已經練習過許多靈性修行。這些求道者已經準備好，也足夠堅強，可以忍受這條火光之道的熱度。普通人可不能隨便挑一個日子，離開責任和家庭，就宣布說自己捨離出家的時候到了。如果他所有的想像都還原封不動，所有深層的念頭依然還在燃燒，也還沒有馴服自己的心，即便他在這樣的情況下出了家，卻不是真正的捨離。

這類的所謂出家人，將會在這條道路上，在黑暗中看見魔鬼與惡魔，因為他根本還無法處理自己的恐懼。他還不具備知識與智慧去走上棄絕之路。逃離家庭無法讓任何人成為聖者，放棄履行自己的責任也無法讓一個人開悟，僅僅逃離這個世界，更無法把你帶到神的面前。

捨離是一條自我犧牲和自我求知的道路。當一個人來到這條道路上，他已經明白了世間物質價值的有限性，他知道這些東西唯一的價值，就是去服務個人抵達人生的最高目標。他知道，只要心還不認識躺在內在的真實寶藏，就會追逐著世間瞬息萬變的物質。他已經經驗到一些內在見識，並且在覺知內在寶藏後，享受隨之而來的平穩與寧靜。從一顆平靜之心的角度，他不只看見了世間誘惑的危險性，也從靜坐冥想中了悟到，除了心海表面，還有更多深埋海底的潛藏誘引與欲望，也知道它們具有危險性和使人迷失的本質。他知道捨離之火才是最適合自己的選擇。

這條道路需要許多嚴謹的自我訓練和自我紀律，因為許多潛藏的欲望都還躲藏在內心之中。這條道路被前人形容為一條走在剃刀邊緣的道路，每一步都可能一不小心就讓自己跌落谷底。自私欲望是所有出家人，也是所有走在捨離道路上的所有人，必須共同面臨的最強大障礙。只有那些已經帶著無懼走過很長一段道路的人，已經擺脫世間種種魅惑、誘引及吸引的人，才能夠踏上這條道路。這是一條要求極高的道路，需具備高度的無懼心和自由度，以及能讓心專一致力於開悟的能力。想要在這條道路上獲得成功，這些重要的要求缺一不可。

但另一方面，值得一提的是，這條捨離之路同時也會帶來非常甜美和歡欣的結果。當一個人已經準備好面對它，當那些向外追求著欲望的大多數能量都開始內轉之後，你會經驗到無可比擬、難以描述的喜悅成果。

在靈性成長中，與捨離之路同樣重要的其他道路是：無私行動之路。在這條道路上，你依然履行著自己的職責，善巧且無私地完成你的達瑪

（dharma，法性責任）。你知道自己和其他人一樣，有著必須完成的工作，你選擇全心專注地執行這些工作，但別去想要從中獲取什麼個人的利益或榮耀，也別去想要得到任何回報。你不應該關心這些，應該只是純然專注地把事情做好，如此而已。用這樣的方法走在行動之路的求道者，他們學習留在世間生活，卻保持不受世間萬物萬境的影響。

出世捨離與入世行動，這兩條道路的目標都是一樣的，同樣都是開悟，都是要充分挖掘捨離的寶藏礦山。在捨離之路與行動之路上，都有著「無執」和「控制欲望」這兩條強韌的黃金繩索。無論選擇哪一條道路，求道者都必須牢牢跟隨那兩條強而有力的黃金繩索，才能進入生命的迷宮，朝著開悟的目標前進。

人們企圖得到行動的成果，因為他們不知道自己真正的需要，不相信所有真實的需要都必定會獲得滿足。大部分的人都把生命虛擲在盲目的忙碌上，匆忙地完成這個或那個行動，過程中不斷期待能夠從行動中獲得補償或讚揚，這兩種期待都是陷阱，只會把人帶入更深的迷惑之中。以這樣的方式生活，不可能得到自由。這就好比實驗箱子裡的老鼠，牠被迫不斷在輪子上奔跑，輪子越轉越快，最終牠卻什麼也得不到。生命歷經忙碌的空轉後，只徒留精疲力盡。

生命的目標應該放在靈性發展上。了解這個道理後，你的人生哲理就有了指引的方向。無論你的角色是學生、勞工、為人子女、為人父母或社群的一員等，你都要帶著愉悅的態度，全然專注地履行人生的責任。然後就放下，把剩下的都交給靈性發展的永續流程。靈性發展不像其他工作或職責，每個環節都必定會以和諧的方式落成。

這個方法會讓你的生活變得簡單，並且擴展它的廣度。求道者獲得了淨化，擺脫了業力和執著的束縛。你不再需要去忙著收集行動的戰利品，不再需要去累積一些占有物，或者急於獲得別人對你在成就上的認可。你的需求將變得越來越少，擁有感和占有慾也越降越低，同時你將變得越來越無私。你用愛來潤滑行動，當你充滿愛地完成所有事情，將會得到更大的喜悅。個人的獲得不再成為你行動的動機，慢慢地，你學會無私地行動。以這樣的態度做事，就是一種靈性的紀律、一種靈性的修持。

譯註

[1] 出自《馬太福音》（6:26~27），後段於《和合本》譯為：「你們那一個能用思慮，使壽數多加一刻呢。」

[2] 出自《馬太福音》（6:33），原書沒有記載這一章的最後一句，在此補上：「所以，不要為明天憂慮，因為明天自有明天的憂慮。一天的難處一天當就夠了。」（6:34）

[3] 斯瓦米拉瑪上師此處的意思應該是指，既然整體存在僅有唯一，那麼唯一的存在既是欲求者本身，也是欲求的對象，梵既是唯一的欲求者，也是欲求的唯一標的。

Chapter 9

練習、練習、再練習

與捨離（vairagya）一體兩面的是勤修（abhyasa）[1]，這個字意謂著練習，而練習背後的隱含意義則包含了紀律及專注。「捨離」與「勤修」這兩者如同黑夜與白天，彼此是相互連結的。一個人如果沒有練習勤修，就無法發展出無執或捨離。同樣的，缺乏捨離的勤修練習，最後也難以累積成果，只是徒然浪費時間。

「捨離」與「勤修」這兩者，是促使靈性進步最強而有力的工具。如果把它們彼此劃分開來，就如同一艘只用單邊的槳在滑行的船，船還是划得動，只是前進得非常緩慢。

在先前的幾章中，我們討論了靈性生活的初步準備。這些步驟宛如在你靈性生活的畫布上，以粗筆畫、概括式的輪廓構圖，它們是重要的背景。越精緻的筆畫能衍生出更鮮明的圖像和細節，則有賴勤修（abhyasa）或說修道（sadhana）來創造完成。「修道」是一種靈性的練習，經常指的是特定傳承的特定練習，例如哈達瑜伽、調息法（呼吸練習）、持誦咒語等。「勤修」是一個更廣泛的語詞，包含的不只是特定技巧的練習，而是為了生命的全面性目標，以及信仰系統的所有應用。不過在這本書中，這兩個字幾乎可以互為替代使用。

為了開始了解「勤修」的意義，首先要記住，你們是兩個世界的公民，一個是包含了家庭、社群及法性職責（dharma）的外在世界，另一個就是你們應該發願更全面去探索的內在世界。所謂的修行，就是要在這兩個世界中維持平衡。在外在世界生活、學習並成長，卻又要同時保持超然，以便能傾聽到內在世界所發出來的微弱耳語，如果能這樣做，你就真的是在生活中修行。當你能於內在和外在的世界中保持平衡，就能利用外在世界做為進入內在世界的途徑，而內在世界可以提供支撐的力量，促進外在世界的生活更為豐富和圓滿。

耶穌就是一個完全平衡的範例。他生活在塵世中，卻能同時保持超脫。他既是一個凡人，也是一名聖者，所有的人類也同樣具有這樣的兩面特質。身為一位公眾的精神人物，他的重要意義在於向人類展示，人之所以為人，是因為人具有神聖的特質。而人也因為具有這樣的神聖特質，才之所以為人。[2]耶穌全然地展現了他的人性，因此也成為他神聖一面的最佳示範。[3]

如同《卡陀奧義書》中所暗示的，與其說人類是一個具有靈魂的身體，不如說人類是一個具有身體的靈魂。神聖內存於人類之中，而人類與生俱來就是神聖的。

想要過著充滿靈性的生活，並不需要逃離外在的世界。緊盯著世界的缺陷，然後一味地批判世間的醜陋與罪惡，對你們一點幫助也沒有。轉身離開這個世界，也不會引領你獲得靈性上的快樂。你反而應該持續生活在這世界中，與所有明顯的不完美共處，卻又能盡情揮灑，全然地活出自己的生命，如此將可臻達靈性的完美。

除了努力達到平衡及練習無執之外，你還必須練習無私。無私是一種需要經常練習才能臻達完美的藝術。堅強、無執、愛及無懼，可以隨著無私的練習與日俱增。

在不讓人知道的情況下去為他人做事，並且讓這類作為成為你每天生活的一部分。無私及關心他人，並不是一件需要刻意費力去做的事情，因為這是人類很自然的行為。同時，也不要忘了你自己。在瑜伽的練習中，第一個重要的原則就是非暴力（ahimsa，不傷害）。這個原則並不只是應用在與他人的相處，你也必須應用在自己的身上，不要自己傷害自己，或者允許別人來傷害你。在自己實行無執與愛的時候，應該要有敏銳度。以「自我」為中心或以「我」為中心來做為行事準則，固然對修道沒有幫助，但完全只以「你」為中心也不會有太大的益處。奧義書教導我們，所有人都是那個同「一」。

全心全意地過好你的生活。無論你正在做什麼，都要全心全意以全部的專注去投入。當你和孩子在一起時，就應該全然地與他們同在，不要讓心牽掛於工作；而當你在工作時，就應該好好地工作，不要分心想著孩子。全然投入手邊正在做的事情，進入當下，而不是去回憶過往已然逝去的片刻，或者把心思寄望在未來的某一個時點或某一天。

做事情要果決。鍛鍊你的心智（buddhi），這是在心的四種功能中那個擔任選擇、判斷及決策的功能，是心中最強而有力的部分。盡你所能地做出最好的決定，然後根據那個決定去落實，至於結果，就全然交付給神聖的力量。要有智慧地好好選擇你的朋友圈、平日的活動、謀生的方式等。這些全都應該要與你更高的人生目標相互匹配。

對自己溫和一點。靈性的旅程還很長，也很辛苦。你的目標應該要恰當、合理，才不會徒然為自己製造出挫折及失望。在能夠開始走路前，要先願意爬行。要踏上旅程的下一段路之前，應該先把之前學過的每一個技巧都練熟。同時，如果你在過程中摔跤跌倒了，或甚至退轉滑溜到上一個階段，也要原諒自己。這些受挫都是暫時的，它們都是有建設性的中間階段。允許你自己間歇性的退後，觀察所有發生的情況，接著重新站起來，再次向前走。向後退是成長型態的一部分，但你不要一後退就待在原處不動。千萬不要放棄，只有堅持才能進步，永遠不要喪失希望。

你也要留心照顧身體，這是修行（sadhana）的一部分。要吃良善、完整和自然的食物。睡覺要規律，運動也要規律。你的身體就是內心的展現。你的身體吃進去什麼，你如何對待身體等，都會影響你的心。

你也需要關照自己的呼吸。呼吸會帶來普拉納（prana，又譯生命能），即生命的力能。普拉納是為你注入人類生命力的能量。如果沒有了它，你甚至連一秒鐘都無法生存。你的健康和活力都取決於身體內的普拉納是否能夠妥善、均衡的流動。不均勻的普拉納流動，會影響身體和心靈。普拉納是聯繫身心之間的一座吊橋，如果呼吸所帶動的普拉納是和諧均勻的，吊橋就會穩定而靜止。如果普拉納無法均勻地流動，吊橋就會搖晃擺動，讓從此岸渡橋到彼岸的旅程變得艱辛，也會讓身心產生不安。

你要控制四個基本欲求：食物、性、睡眠及自保。去理解這些欲求的運作方法，然後學習疏通並調節它們。從這四種原始泉源中，會湧出六種主要的情緒流動：欲望、憤怒、驕傲、執著、貪婪及自我中心[4]。若能好好地理解並整合這四種基本欲求，就能掌控這些基本情緒的流動。

另一個基本的練習就是知足的培育。許多西方人的成長背景都有這樣的信仰，認為他們的人生應該要百分之百完美。但這是絕對不可能的，因為那不是人生的本質。人生充滿變化、轉變、衰敗、滅亡。那就是人生的本質。要學習接受並理解這個概念，這樣我們就能夠學會知足。

從靈性的觀點來看，生命中所謂的挫敗和勝利，其實都是一樣的。對於生命中令人失望的事件，試著去理解它富含教育的一面。生命中確實有黑暗的一面，就好像每個人都必定有影子一樣。影子的存在告訴了我們，光明所投射的方向，因此，不要躲在陰影底下，也不要試圖緊抓住它。檢視並接受你的黑暗面，無論面對挫敗、不幸，或者面對勝利和所謂的好運，都要等同視之。

知足是一種保持聚焦和保存能量的美妙方法。不知足會讓我們感覺不快樂並產生負面的情緒，那將會消耗能量且干擾我們的專心。這並不是在說你應該變得很容易滿足。知足和滿足是不一樣的。未達到目標之前，你不應該滿足。但是，你在這趟靈性旅程應該帶著知足的心前進。

在「勤修」中，我們應該遵循三條黃金法則：

1. 覺知目標，並隨時朝著它努力邁進。
2. 盡全力善用你的時間。

3.在生命的每一個情境中都要保持快樂。

這些練習的目標是為了要讓心平靜，然後變得專心，同時讓心可以超越對世間的執著。這是一個心的淨化過程，目的是要洗滌心的所有習慣，那些讓心朝向各種欲望奔馳的習慣。

為了讓這個平靜、專心和淨化的工作落實，學生需要靜坐冥想的練習。這是讓心專注的練習，並且可以學習撫平所有心的波動，包括沉溺、轉變和爆發等。讓心專注，可以讓個人把焦點放在心本身，進而穿透這強大的力量，以便臻達真實本我。

首先，一個求道者必須在智性上能夠分辨短暫的人格面以及阿特曼（Atman）。一個人的真實身分並不是心或感官，而是阿特曼。阿特曼藏在層層的習慣、欲望和恐懼之下。這些習慣和思想是如此的堅固，因此我們必須透過專心和靜坐冥想的紀律，來穿透這重重的層次，以便了悟阿特曼。靜坐冥想是一個強而有力的工具，它可以幫助我們收回心的所有散漫，將之集結、收束成一道雷射般的力量，能夠穿越內心切出一條直達阿特曼的通道。

你無法透過感官辨認出阿特曼，也無法透過學習或靈性教導來發現阿特曼。阿特曼是精微、深層且永恆的，唯有透過專注和靜坐冥想來淨化內心，強化這兩種紀律之後，阿特曼才會自我顯露。

習慣、欲望和恐懼就住在感官和受限之心裡面，而靜坐冥想可以引領尋求者穿過感官和受限之心的層次，到達三摩地的超意識境界，到了那個境地，尋求者才能面對面直接見證永恆。當尋求者了悟了阿特曼，他便能起身超越苦樂、傷悲，以及其他這短暫世間的所有限制。有阿特曼的地方，死亡就無法觸及。阿特曼是那絕對的領域，是無限的領域，祂距離我們不遠，就近在我們的內心深處。

一坐下來就坐立難安，這並不是靜坐冥想，而它也不是呆坐在那裡盡做些白日夢、擔憂或幻想。靜坐冥想意謂著觀察，平靜地觀察內心本身。這麼做會讓心本身變得更加平靜。心的平靜會創造出一種力量，可以走入更深、更深的印記溫床，進入所有的潛藏記憶和印記去一探究竟。我們日常的習慣和個性就埋在這印記的溫床中，每天一受到挑撥就跳出來。然而，藉由平靜地、非常安靜地進入印記，並且觀察它們，這些印記就可以被燃燒，它們會如同泡沫上升到海的表面，然後自然地消散退去。這就是淨化的過程。它是一種非常有力量的練習，也非常重要。靜坐冥想是讓你覺知自己是誰的準確方法。它是能讓你認清內在世界的基礎練習。

經過所有這些練習，你還必須應用另一個練習或說是工具。那就是 **sankalpa**（決願），這個梵文字代表決心。它意謂著：「我將會果決地去做，將會全心全意地去實踐。我一定會成長。我知道自己或許會犯錯，但我決心重新再來，繼續邁進。」這就是決願的態度。決願的練習至關重要，沒有了它就不會有真正的進步。如果你有所懷疑，將無法進步。然而，決願會迅速地帶你回到目標上。經典上說，有了決願的幫助，沒有辦不到的事情。說出所有偉大領導者都會立下的誓言吧：「我將行之，我必行之，我握有利器行之。」下決心無論發生什麼事情，你都要完成自己所訂下的必須實踐的事項。如果你有決心，儘管一些潛在的障礙仍然擋在前方，你仍可以保持不受干擾地持續勇往向前。你不需要改變環境或世界、家庭、社會或朋友來迎合你。但如果你培養出堅強和決心，可以成功地走完這趟人生的遊行。

在這些人生韻律演進的所有過程中，你可以把心視為一座實驗室。每個人都要開始去觀察情緒的波動以及念頭的行進，然後慢慢增加對它們的控制力。慢慢地，你就能發展出見證者的視角，洞悉阿特曼（存在的本體）的臨在。

在另一方面，伴隨你的練習，直覺或說是心智的偉大力量將會同時開始降臨到你身上。這股力量是靈性道路上不可或缺的助力。當心透過靜坐冥想培育了平靜與專注，輔以知足做為充電和武裝配備，心的力量將開始擴展開來。直覺可以幫助引導這段旅程上的靈性求道者，讓他知道自己其實並不孤單。

根據《卡陀奧義書》，淨化的過程需要以下這些努力：透過「明辨」，知曉自己具有的選項，並且做出正確的選擇；透過「紀律」，消化、同化所做的正確選擇，好讓求道者變得更堅強、更堅定；此外，還需透過「靜坐冥想」穩固。

最後，還得加上「恩典」，恩典是在個人做完所有的努力之後，來自上蒼的拉拔與加持。明辨、紀律和靜坐冥想，都是為了承接恩典所做的準備。這就如同一個家的主人會為了迎接一位即將到訪的特別貴賓，事先把自家內外通通打理乾淨、準備妥當一樣。《卡陀奧義書》告訴我們，阿特曼這位特別的貴客，將會在這個「家」準備好了之後蒞臨。

準備是困難的，但是正因為準備很困難，才顯得這個寶藏意義非凡，彌足珍貴，也顯現出這求道者能收獲如此至寶，是多麼地難能可貴。

譯註

[1] abhyasa 這個字有多重的意義，根據斯瓦米韋達的教導，這個字原先是不斷在上師的面前練習靜坐冥想，但是為了真正臻達能「靜」且安穩地「坐」，除了靜坐冥想本身的練習以外，學生還必須勤奮不斷地重複為了能安坐的身、息、心性等淨化的修行，同時斯瓦米拉瑪在講述這個字的時候，通常直接用英文 practice 來替代，而在稍後的文中也仔細分析了這個字涵蓋範圍不只限於技術層次，更是包含人生哲理與目的等全面性應用，考量當應用條件範圍廣大，太特定的語彙將限制其應用，因此選擇忠實呈現大師的簡單卻廣義的用字與用意，直接翻譯為「練習、修習或勤修」。

[2] 斯瓦米拉瑪這句話的典故有可能是出自《馬太福音》（5:48），斯瓦米拉瑪經常舉此例說：「你們要像你們的天父般完美。」這句話代表了所有人類都是蒙受神愛的子女，身為神聖的子女，人當然具有神聖的特質，也正因為人類具有神聖的特質，才能夠成為人。

[3] 斯瓦米拉瑪常常說，我們不需要成為神，但我們要成為完整的人，意思就跟這裡耶穌示範的一樣，根據前述《馬太福音》的說法，人原是天父依著祂的完美所造的，姑且不在此論述創世論，因為每個宗教有其特殊的詮釋，但總之，如果我們可以透過修行還原成為「完整」的人，也意味著把「人性」發揮到百分之百極致，這樣一個無私且充滿愛的「完人」，當然具有神聖特質。

[4] 這也就是斯瓦米韋達常提醒我們在印度經典列舉的六大敵人：**kāma**（欲望）、**krodha**（憤怒）、**lobha**（貪婪）、**moha**（執著）、**māda**（驕傲）、**mtsarya**（忌妒，或自我中心），關於四種基本欲求以及六種情緒流動的觀察與練習，請參閱斯瓦米拉瑪另一部著作：《心的嘉年華》（*The art of joyful living*）。

Chapter 10

神聖的恩典

為了有意義地理解生命和面對死亡，捨離（vairagya）和勤修（abhyasa）是求道者應負的責任。當求道者確實承擔起這兩種責任，其他的輔助就會隨之到來。那些輔助會以上師（guru）和神恩的方式到來，兩者彼此相互關聯，每份輔助都是如此美好，如此令人安心，也都具有強大的力量。但很不幸地，這些輔助卻經常被誤解。

在過去三十年來，西方的文化已經慢慢開始接受並擁抱來自東方的傳承，但他們經常把上師誤解為只是一般的老師。在西方，上師經常被認為只是一個受過哲學、靜坐冥想和哈達瑜伽訓練的人。人們從這樣的觀點出發，期待上師有義務分享這些知識給學生，應該訓練他們學習經典以及各種靈性紀律。儘管西方的學生認為上師不過就是一般的老師，卻又在另一方面可能對老師產生強烈的依賴，並且對老師抱持高度的期望，認為他們應該代替學生做所有的事情。

在古時候，學生都是在上師的家（guru-kulas）中接受正式的教育。學生在很小的時候就與上師住在一起，不僅接受智性層次上的教導，也接受靈性發展以及維繫身體健康上的指導。上師與學生的關係非常密切，上師知道每個學生的習慣以及他們各自內在力量的程度。

在今天的社會中，並不存在一個適當的靈性環境可以讓求道者全然專心地學習靜默的語言，以便能尋獲內在的圓滿。學生很難不受到外在世界的誘惑，因此他們很容易分心。現代的教育專注於記憶外在世界那些眼見為憑的事實，卻忽略了內在本體的成長與發展。要把如同「上師的家」這般古老的體制落實於當代的世界中，已經變得不大容易。然而，我們可以採取一種更整體的教育方法，同時兼顧內心靈性的成長以及智性的發展，也可以把如何保持身體強壯和健康的指引包納進來。在東方的傳承中，上師不只是一般的老師。他或她代表了一種特殊的能量，指引著個人邁向身而為人的圓滿，朝著本自俱足的完美前進。而所謂的恩典就是那股能量的脈衝。

guru（上師）這個字由兩個字所組成，gu 以及 ru。gu 的意思是黑暗，而 ru 的意思是光明。那個可以驅除無明的黑暗的就稱為「上師」（guru）。也就是說，能夠消弭黑暗的能量及行動的，就是上師。上師不是一個個人，而是一股由恩典所驅動的力量。

換一種方式來說明，有一股智慧的動能遍存於整個宇宙，祂驅動著所有人類臻達圓滿，我們就把這股智慧的動能稱之為神。上師就是那股智能。每個人對那股智能的接受程度有所不同，能接受多少取決於這個人的準備程度。所謂的準備包含了捨離及勤修的發展程度。換句話說，上師一直都在，但是學生可能還沒有準備好去接納上師必須給予的東西。當學生準備好了，上師必定會出現，他會掀開無明的遮幕，幫助學生完成必要的工作以求進步。俗話說，當燈芯和油都備好了，師父就會點亮油燈。

上師不是一個個人，但是上師可能以人的形象呈現。當一個人的靈性覺知已經發展到相當高深的層次時，這個人就可以開始為他人提供指引，也可以被認定為上師。只有已經精微細調到全憑內在導引的人，才有能力啟發他人，從而喚醒弟子的內在導引能力。上師不是一個肉身的存在，如果一位上師開始認為這股力能屬於他或她自己，那麼勢必會失去這股內在的導引。上師是一個傳承，是一股知識的流動。

在印度，「上師」是一個神聖的字語，人們帶著尊重來使用這個詞彙，它也總是與最高智慧相互關聯。上師在一個人的生命中具有相當獨特的地位。弟子與上師之間的關係，截然不同於其他的關係。有時候，人們會認為上師不是母親、父親、兒子或女兒，上師不是任何常規中定義的朋友。但有時候，人們也會認為上師就是父親、母親、兒子、女兒及朋友的綜合體。上師對弟子而言堪比太陽、月亮、天空與大地。

實際上，上師與弟子的關係是難以用言語描述的。這關係可以延伸到超越這世界的領域、超越死亡，還能更遠地延展到超越有限概念的那些家庭、朋友相互業力的束縛。為人父母者會在孩子自童年到成年間的成長過程中，提供孩子身體層面上的維護、營養及指導。而上師則提供弟子靈性層面上的維繫、滋養及指引，上師照顧弟子的時間橫跨生生世世，直至弟子到達終極的解脫。

弟子與上師的關係立基於無條件的愛，在愛的所有型態之中，這是最純粹的一種。弟子可以對上師完全敞開，不需要對上師有所保留。這也是為何在傳統上，學生來到上師面前的時候，會供奉一捆木柴，請求上師予以燃燒。這捆木柴象徵著弟子所擁有的一切都將無條件地奉獻給上師，好讓上師能夠徹底地實踐對學生靈性上的塑造。弟子帶著全然的信心和信任，將他的整個人生交給上師。上師接受這個生命之後，進行所有必要的改造，該砍的砍，該燒的燒，然後謹慎地將所餘精雕細琢，使之變得更為聖潔。

在這個又砍又燒的過程中，上師是毫不留情的。上師的工作不是握著弟子的手，幫弟子把眼淚擦乾，而是把弟子的自我以及其他所有會妨礙弟子得到自由的東西，砍成碎片。上師不允許依賴。如果弟子變得太過依賴上師，上師會將弟子一把推開，堅持要他獨立。那是一種最深刻的愛，有時候這種獨特的表達方式，會讓人感覺不近情理或超乎常理。

要與上師共同踏上求道之路，不是一件容易的事情，那個過程並非總是令人歡欣愉悅。上師會經常測試弟子，將他們擺在最困難的情境，然後刻意為他們創造一些障礙。所有的測試、困難及障礙，都是為了要訓練並擴展弟子的意識層次。

那就是上師唯一要做的工作。上師並不想從弟子身上獲取什麼，上師是那股驅動個體靈魂走向開悟的力量。上師的行動動機源於純淨的慈悲心，如同太陽將陽光照耀在大地，卻始終高掛於遙遠的天際。上師無私地給予弟子靈性上的愛，卻不對弟子抱持任何期待或執著。

上師是靈性知識的傳遞管道。耶穌不斷地提醒他的弟子：「這些教義不是來自我本身，而是天父透過我來傳遞。」天父才是那股純淨知識的泉源，耶穌身為一個開悟者，他所做的只是讓自己能夠與那份純淨知識對上頻道。

沒有一個凡人可以變成上師，上師並不是一種人類的經驗。或者更好的說法是，上師不是一種感覺上的經驗，成為上師是一種神聖的經驗。個人允許他或她自己被當成管道使用，以做為那個所有力量中的力量之接收及傳送的工具。然後，一切就自然地發生，上師就顯化了。為了成為這樣的載具，一個人必須先學會無私，必須先學會去愛。真正的愛沒有任何的期待，那是一位真正上師的生活方式。無私的愛就是他們開悟的基礎，也是他們成為知識管道的根本。

上師不是一個目標，任何企圖把自己塑造為上師以供人景仰的人，都不會是一位真正的上師。基督、佛陀及其他偉人，都沒有預設這樣的形象。上師有如一艘助人渡過河川的舟船，登上一艘好船至關重要，若登上一艘會漏水的船，將會遭遇異常的危險。船是要帶你渡河的，當你已經渡過了河，就不再需要這艘船。你不會在完成旅程之後，還緊緊抓著船隻不放，當然也用不著去膜拜這艘船。

許多時候，學生對於上師應該具備的形象或行為模式，抱持了一種先入之見，當他們來到上師的面前時，期待上師應該站在自己這一邊為他們做很多、很多的事情。或許學生認為上師應該給予他們很多的關注；又或者應該替他們做決定；或是應該承擔學生自己創造出來的麻煩；有時候，學生認為上師應該要行禮如儀，依照特定的行為規範做事。而當上師的表現與這些期待和預設形象不符合的時候，學生就會變得心煩意亂，甚至可能離開這位上師。

這不是接近一位老師的適當方式。學生不應該充滿期待和預設立場，而是應該抱持灼熱的學習欲望，以及堅強的決心。那麼兩者之間的互動就不會有困難，上師和弟子就都能夠分別各司其職，完成各自的工作目標。

靈性的求道者不應該擔心誰是上師，或者上師會做什麼事。對於求道者而言，第一要緊的是準備好自己，以靈性上健康的方式來好好組織她或他的生活和思想，然後致力於簡化、淨化自己的生活方式。如此到了適當的時機，上師自然就會出現。

一旦上師來臨了，上師採取的方法或行為就不是弟子應該關心的事情了。弟子的工作是依據導師的指示和教導做事，同時朝著越來越無私、私我越來越臣服的方向去努力。要知道，開悟最主要的障礙就是私我。

一位靈性導師可能會有許多種不同的教導方式，有時候或許還會看似難以捉摸的神祕。對於某一個學生，上師可能會給予很多的關注，花很多時間與他相處，甚至會對特定的學生非常溺愛。而另一個學生則很有可能完全被上師刻意忽略。是否受到上師的關注並不要緊，每個學生勢必會得到適合自己的教導。由於上師具有洞悉的能力，他會在適當的時候給予學生合適的教導。上師出現在學生的生命裡，並不是為了給予學生他自己認為應得的東西，而是因材施教，授予個別學生靈性進展上所需要的教導。

耶穌有關浪子回頭的寓言，印證了這個說法。[1]我們把這個故事簡單地敘述一下。有一位父親有兩個兒子，有一天，其中一個兒子向父親要求過繼自己應該繼承的財產和金錢，然後他就遠走他鄉，過著縱情放任、沒有約束的生活，他終日沉浸在吃、喝、嫖、賭的感官享樂之中。當這個兒子把所有財富都揮霍完畢後，就回家了。這位父親看見兒子回來時，立刻跑到兒子前面，又是擁抱，又是親吻。他給兒子換上昂貴的華服，吩咐備好美味的佳餚，宴請四方，慶祝兒子的歸來。

在此同時，另一個兒子一直守候在父親的身邊，為他工作，總是畢恭畢敬地奉養父親。當這個孝順的兒子看見父親把所有的關注都給了這個一直流浪在外、不顧家庭的浪子時，他對父親提出了質疑。

「這些年來，我一直都在這裡陪伴著您，總是服侍著您，遵守您所有的誡命，而您從來未曾為我宰過一頭山羊，未曾舉辦過食宴來招待我的朋友。現在我的兄弟在外揮霍完所有的財富，過盡放蕩的生活後回來了，您卻將他視同國王般地款待，還為他舉辦宴會大肆慶祝。」

這位父親之所以會有這樣兩極化的反應，是因為這個浪子在此時此刻需要父親給予這樣的關注，而這個孝敬的兒子並不需要。這位父親給予每個兒子恰如其分的東西，在適當的時候協助他們各自的靈性成長。

上師的作為並非以表面的公平為基準，也無法從外觀上來判斷是否得宜。他完全不受這些文化禮儀的限制。他可以看似嚴酷，甚至殘忍；他可以把學生放入一個看似不合理，或極為不舒服的情境之中；他有可能連續幾個月對學生說出一些完全不合情理的話語；他有可能要求學生去做一些學生自認為不可能辦到的事情。然而，上師所說的每個字、所做的每件事，都是為了學生的成長。學生只需要對於那個事實抱持信心就好。

上師也可以透過非言語或非行動的方式教導學生。當弟子學會臣服，屏除了私我的妨礙，慢慢地成長為一個更無私的人，那麼他直接從上師那裡學習到直覺知識的能力，就會慢慢地提升。學生在靜默的洞穴中學習，這就像是在讓自己調頻到上師的頻率，或者插上那個知識湧泉的電流。上師一直都是在那個源頭上著手教育弟子的工作，而弟子的角色就是要慢慢地學習同樣在那裡下工夫。弟子帶著愛完成所有的責任，藉由不執著及臣服來完成這樣的學習。弟子應該繼續努力讓自己淨化，以準備好接收更多的知識。時候到了，神就會這樣說：「我想要進入你這個活生生的廟宇。」在你除卻不淨之後，就能發現，原來那個想要認識真實的生命體，其實就是真實的源頭。

除此之外，還有恩典的作用。恩典是為了驅除無明的一股脈衝或說是一股能量的推動力。其中，有來自經典的恩典，這是透過他人流傳下來的智慧；也有來自老師的恩典，他傳授那份智慧給學生，並幫助學生活用這份智慧；當然還有來自神的恩典，也可以說是來自純意識的恩典，那份恩典活在每個人的生命之中，並且永遠存在。要能整合這三種恩典，就得靠自身的恩典了，這樣的恩典使你具備意志力去承擔生命中有目的性的旅程，實行生命中必要的靈性作為，並且幫助自己做好準備。

我們要如何才能得到這份恩典呢？當求道者已經盡了最大的努力，恩典就會自動到來。當所有的努力都已經被完成，當人們已經精疲力盡地做完所有的努力，恩典就會降臨。

恩典的梵文稱為 **shaktipata**（音譯為夏克提帕塔），**Shakti**（夏克提）的意思是「能量」，而 **pata**（帕塔）的意思是「賜予」。所以，夏克提帕塔的意思就是「賜予能量」，或說是「點亮油燈」。有時候，**shaktipata** 也被翻譯成「神力的降落」。一股從天而降、來自它自身的神力，降臨在一個已經清潔好、淨化好、準備好去承接的空瓶中。當弟子完成了上師的指導，這位求道者已經堅定地落實了無私和臣服的品性，印記（samskaras）也已經被燃燒殆盡，恩典就會降臨。

我要分享個人的人生經驗。從我還是一個很小的孩子時，我的上師就開始撫養我，並且不斷給我指導。當我已經完成了所有他交代的練習，但恩典卻遲遲沒有降臨的時候，我開始變得非常沮喪。有一天，我就跑去找上師說：「你還沒有把夏克提帕塔施予給我，那說明了一件事，要不就是你根本沒有夏克提，要不就是你有，卻不準備給我。」

我告訴他：「我已經閉上眼睛練習靜坐冥想這麼久，到頭來，除了頭痛，我一無所獲。我白白浪費這麼多時間，我感覺生命已經了無生趣。」

他什麼話都沒說，這讓我感到更加惱怒，我繼續衝著他說：「我這麼辛苦又認真的努力了，你說我需要十四年的時間，但現在我已經練習了十七年。你要我做的，我全都做了。所以，今天如果你還是不賜給我夏克提帕塔，我就要去自殺。」

終於他開口說話了：「你確定嗎？你真的已經把我教給你的所有練習都做完了嗎？這就是我辛苦教導你的成果嗎？你準備用自殺來報答我嗎？」

然後他停了一會兒之後說：「那麼，你什麼時候想要去自殺呢？」

「現在！」我說：「我跟你說完這些話，就準備去自殺了。現在你不再是我的上師了！我準備放棄一切，我在這世間半點用處也沒有，我對你而言也是一無是處。」

我說完就立刻起身準備走到恆河邊。恆河就在附近，我打算要跳河溺死自己。

我的上師說：「你會游泳，所以當你跳入恆河的時候，你的自然反應會讓你開始游泳。你最好找到一個方法，確定當你開始往下沉的時候不會又浮了上來。或許你應該在自己身上綁些什麼重的東西。」

我問他說：「你怎麼會這麼無情？你曾經那麼愛我。」

我走到恆河邊，拿了一條繩子，一頭綁了一塊大石頭，一頭綁在我自己的身上，當我正準備要跳的時候，我的上師過來把我叫住：「等一下，過來坐在這裡一分鐘就好，我會給你想要的。」

我不知道他是否來真的，但是我心裡想，多等一分鐘應該也無妨，所以我就採取靜坐冥想姿勢坐下，我的上師走過來，觸摸了我的額頭。就這樣，我停留在同一個坐姿中長達九個小時，完全不起任何一絲雜念。這個經驗是無可言喻的。當我回到日常的意識狀態，才驚覺我絲毫不曾感受到時間的流逝。

我對上師說：「尊敬的先生，請您原諒我。」

透過這次上師的觸動，我的生命完全轉化了，我不再恐懼，也不再自私，我開始正確地了解生命。我不知道這份經驗的降臨究竟是因為我的努力，或是因為我上師的加持。

他的回答很簡單：「是恩典。」

他解釋道：「一個人應該竭盡所能地認真努力，當他已經精疲力盡，在絕望中吶喊，那虔愛情緒高漲到極致的狀態時，他將獲得至喜的經驗，那便是神的恩典。恩典是你自己忠實、認真的努力所獲得的成果。」

只有在弟子已經歷經長時間的紀律、苦修和靈性修習之後，才有可能獲得恩典。當學生帶著所有的信心，真實並認真地遵從老師的指導而完成這些練習，屆時，上師就會幫助弟子移除那些最細微的障礙。開悟的經驗必須來自師徒雙方共同的認真努力。當你已經善巧地、全心全意地完成了你的責任，就必能懷抱恩典地獲得成果。恩典始於行動的完結處。夏克提帕塔是神透過上師傳遞而來的恩典。

上師是弟子一生的指引，穿越靈性本心的神祕地形，進入並超越死亡的疆域。

譯註

[1] 此處提到的浪子回頭的故事出自《路加福音》第十五章，描述出外揮霍無度的浪子在散盡家財後，在外受盡屈辱，帶著反省的心回到父親身邊的故事。

Chapter 11

自此爾後的生命

Sacred Journey

自人類有史以來，有關死後生命的議題就不斷被探討，然而那些僅停留在智能層次上討論，絲毫沒有自身靈性覺醒經驗的人，對於「靈魂永生」這個議題始終無法確切地達成共識。僅僅停留在頭腦理智上的辯論或探討，不可能了解死後的生命存在。絕對的真理無法在科學上被證明，因為它無法僅僅透過感官的感知去觀察、確認或證明。阿特曼超越了感官的覺知，而科學的實驗被自身的限制所侷限，無法為我們揭示出最高的真理。那也是為何科學家無法針對靈魂的永恆以及死後的生命，做出任何堅定的確切結論的原因。物質主義者難以說服自己相信「死後還有延續的生命存在」，一個長久以來都只靠感官去感知一切的人，無法捕捉那超越世界的一瞥。

關於死後的生命，每個人都會根據他或她的宗教信仰，預先賦予不同的特定期待。人們夢想著永生並渴望進入天堂。他們寬慰彼此，認為他們所摯愛的、已然離世的親友，現在已經永遠地和上帝生活在一起。在宗教中固有的天堂願景是：有著廣大的流域、甜美多汁的各色水果、美麗的女人，以及美妙的音樂、舞蹈等。有一些特殊宗派的遵循者，甚至相信在那些屬於英雄的天堂裡，他們依然在那裡暢快地享受著與敵人、猛獸的輝煌戰鬥。然而，人們心目中的這些天堂，都只是個人所謂的最高欲望已達到滿足的心靈疆域。

每個人都有各自獨特的欲望，都各自定義了所謂的至高無上的快樂。同時，他們也都希望有一個地方可以讓這些願望都實現。因此，對於天堂的嚮往，自然地投射出一種情境領域，在那裡複製出每個人所追求、企圖到達的天堂場景。這個天堂其實就是個人想法和欲望的投射，它就跟夢境一樣並不真實。當一個人在做夢時，她可能以為自己已經來到天堂，直到醒來才發現是夢一場。當她醒來，夢裡那些如真的現實就消逝不見了。夢與天堂都是在特殊情境下才成立的真實。

古老印度的先知在深沉的靜坐冥想中承受了天堂的概念，但他們並沒有像某些宗教一樣，把它當成一種永恆的狀態。除了印度教和佛教，其他宗教所描述的天堂概念，都是一種永恆的存在。根據印度的哲學，一個永恆的天堂世界在實質上是不可能存在的。天堂或其他類型的死後世界，都不是一種靜止不動的狀態，而是由個人本身的念頭和行動而決定的可變動情境。那些經驗著天堂世界、享受天堂快樂的人，是由於過去的善行和善念賦予了他們這樣的福報。然而，善行與善念有其限制，同樣的，因為善行善念所累積的福報也是有限制的。「永恆」這個字代表了沒有開始，也沒有結束。根據吠壇多，天堂受限於其本質，原本就無法永恆，因為只要是受制於時間、空間以及因果法則的萬物，就注定無法永恆不滅。所有世間的快樂都受制於時間，它們無法永遠地存續。天界的快樂和人間的快樂類似，即便經驗及享受天界快樂的時間可能比較長，還是有結束的時候。那些無法在人間以外的他界實現的欲望，終將把靈魂再次帶回到實體的存在世界。

在死亡的時刻，靈魂拋掉身體這一件外衣。閻摩告訴納奇凱達，在身體死亡、腐壞之後，靈魂依然保持存在。靈魂沒有物質身體或物質宇宙現象的支持，繼續存在於靈性的領域之中。這些領域無法以感官去認知，只能透過靈性直覺來感知。

那些未開悟的靈魂，在死後會繼續存在於冥亡界一段未知的期間。因為他們未及在生前了悟真實本我的真實本質，所以必須經歷一般人的死亡過程。

大多數對死亡的恐懼，都是因為害怕死亡時可能遭受的痛苦。死亡的過程本身並不痛苦，它只不過轉換了存在的條件。缺乏妥善的準備以及無法放下執著，才是在死亡時經驗痛苦的究竟原因。對於一個已經準備好，已經獲得阿特曼知識的人而言，死亡從來就不是一件痛苦的事情。這樣的人能夠保持對身體及身體感官的無執，因此不會受到身體變化的影響。如果靈魂非常眷戀身體這個界面，非常執著於世間的萬物或人際關係，那麼死亡就有可能是一種痛苦的、令人悲傷的狀態。在死亡的時刻，這樣的靈魂將會遭遇悲傷，經歷痛苦，因為它無法完全地放下那些執著。

生死之間有一個過渡階段[1]，此時普拉納（**prana**，生命能）停止了作用。如果一個人未曾為這個時刻做準備，他就會飽受心的折磨，無法對在旁的人做出任何解釋或表達。而一個已經認識真相的人，則可以從這個災難中獲得救贖。

死亡的轉折過程中，在外在的工具完全被拋下以前，那些還未開悟的人會經驗短暫的階段或說是領域，分別是愉悅和痛苦，這取決於每個人先前的業行是屬於正向或負向。例如，在祖先界（**pitriloka**），我們會遇見自己的祖先或者生前摯愛的人們，然後我們會在天堂界（**svargaloka**）[2]享受各種的歡樂。在《西藏生死書》（*The Tibetan Book of Living and Dying*）以及印度教的《神鷹往世書》（*Garuda Purana*）中，詳盡解釋了每個人在拋下肉身後，各自必須經歷的這些階段。

天堂界還可以分為幾個不同的領域，有較低層次的，也有較高層次的。個人在拋下身體時，其心靈組成的純淨度和不純淨度依然保持存在，會到達哪一個層次的天堂界，則根據其純淨度而有所區別。對那些無明者而言，死亡是一場又長又深的睡眠，中間會穿插一些如夢似幻的天堂或地獄的場景。那些聲稱能夠與逝去的靈魂溝通的人，如果不是有幻覺，就是滿口謊言。當一個人處在深層的睡眠中，他是不可能跟任何人進行溝通的。唯有已經開悟的靈魂，才能夠在死後與他人溝通，因為他們無論在任何時候，都能夠保持全然的覺知。

那些在生前行善，奉行正直、無私的生活，以及已經在此生證得某種程度圓滿的人，能夠在較高的領域中享受神聖本我的清楚示現。然而，智者告訴我們，至高的本我證得與了悟，唯有在此生為人的人身中才有辦法獲得。你無法在天堂般的領域，如祖先界和天堂界中，揭示最高的真理。

個體無法在這些領域中獲得解脫，甚至，天堂中各種各樣的享樂還有可能變成個體靈魂要了悟阿特曼的妨礙。想要了悟本我，唯一的可能就是在此處此生，絕不可能會在死後證得。那些相信他們能夠在死後，在已逝靈魂的領域中了悟真實本我的人，將面臨可悲的幻想破滅。那些無法在身體分解以前了悟阿特曼永恆本質的人，將失去此生生而為人並以此開悟的大好機會。證得梵的唯一可能，就只有在此處此生，絕不可能發生在死後的生命之中。

根據吠壇多，人共有五個身套（koshas，又譯身層）：物質身套（annamaya sharira，又譯肉身層、食物身層）[3]、氣身套（pranamaya sharira）、意身套（manomaya sharira）、智身套（vijnanamaya sharira，又譯識身層），以及樂身套（anandamaya sharira）。這些被稱為身套的原因是，它們層層包覆著阿特曼，就像劍套包裹著劍一樣，被形容為一層接一層套住，物質身套在最外層，最內層的是樂身套。阿特曼則保持在核心與身套隔離，超然於這五個身套之外。

在物質身體死亡的時刻，身體伴隨著意識心，全都會與永生的部分剝離。在死亡之後，不再會有感覺的感知，因為感官會隨著身體一併被拋下。感官在細微身的層次上已經不再作用。

在死後捨棄外在工具或說身套的過程中，靈魂會短暫地與樂身套接觸。那些曾經有過瀕死經驗的人，記錄描述了這個短暫的接觸。他們描述自己被拉入一束極為耀眼的光中，被愛滿滿地包覆住。這樣的經驗是可能的，但是這與了悟本我或者開悟並沒有任何關係。這些記憶上的經驗，不會讓你具備去轉化任何人的能力，也不可能賜予你超凡的力量，例如得到千里眼或者得到能夠療癒他人的能量等。

如果當事人在一生中始終深陷黑暗和無明，又怎麼可能只透過在死亡的那一個瞬間，就觸碰到阿特曼呢？如果一盞燈有許多的燈罩，你就只能看見微乎其微的燈光。當所有這些燈罩都被掀開時，光才能夠被清楚地看見。因此，在這階段看見光並不代表已經開悟，唯有了悟內在的光明，才是真實的經驗。內在的光明不同於太陽、月亮或星星的光，那是智慧與永恆快樂的光明。沒有任何其他經驗能夠與開悟相比，死亡對任何已經開悟的人都不具有束縛力。求道者應該認真努力地準備下一步，應該嘗試在此處此時，還在地界人間時，就證得開悟，而不是期望要在死後才開悟。

無明者的靈魂會去到天堂或者回到人間來滿足未實現的欲望。仍有欲望的人注定必須重新出生，至於那些已經沒有欲望的人就不會再轉世了。根據重生的理論，一個靈魂會一而再、再而三的重生，出生的條件會依照各自行動產生的善德或惡行來決定，以便在每一次接續的出生中，可以讓這個靈魂去獲得更多、更多的知識，並在最終能夠證得圓滿解脫。

這個重生的理論無法用現代科學的方法來證明。科學方法只能把它視為一個與因果法則一致的合理理論，因為因果法則是整個物質宇宙的根本基礎。永遠留在天堂或者永遠留在地獄這樣的報應理論，對奧義書中的仙人們（rishis）而言毫無說服力，因為這樣的假設呈現出因果之間不對稱的相對應關係。地界人間的生命短暫，充滿了誘惑，若只是因為該靈魂在少數幾年或甚至整個人生中犯下了一些過錯，就對其施以永遠的懲罰，等於是把所有對等比例的概念全都拋擲空中，任其飄逝。古代的先知以合理的基礎發展出重生理論，闡述了靈魂之所以寄居於身體重生，乃是因為靈魂還有未實現的欲望。一個靈魂在入住到下一個身體之前，究竟必須在死亡的轉折點經歷多長的時間，完全取決於其欲望的強度。自然本質並沒有為之設下硬性或速判的規定。

許多西方的哲學家，例如畢達哥拉斯（Pythagoras）[4]、蘇格拉底及柏拉圖等，都相信重生理論。在基督教的《聖經》和瑣羅亞斯德教（Zoroastrianism，又譯祆教）的經典中，對重生理論幾乎毫無著墨，然而相對的，也沒有任何預言家絕對地否定重生理論。重生理論之所以沒有被特別提及，是因為在基督和瑣羅亞斯德的時代，人們普遍相信「重生」這個概念。

無論你相信與否，一個人在靈性上是否能提升，信仰並非特別重要的考量。事實是，假使萬能的神主仁厚慈悲且能夠決定人類的命運，在祂的創造中，就不該會遺留任何的不平等條件。平等是絕對真理的不二法則，不公平才是人類的創造。根據重生理論，我們都應該對自己的此生與來生負起全責。每個人的出生都是根據他或她自己過去的行為來塑造成形的。

靈魂透過身體的展現，實現了它的欲望之後，就拋下了身體，然後再次採取另一個嶄新的形式。根據我們的欲望和人格傾向，會出生在更高或更低的領域中，這些領域的構成是依據每個人最精微身套中的各種細微層次、各種淨化程度所決定。我們必定不能忘記，透過我們的思想和行為，我們就是自己未來命運的創造者。認為賞善罰惡全部操之在神的想法，是極為愚蠢的。

我們經常在沒有意識的情況下，選擇了下一次出生的要素。這些要素是由我們先前的行動、思想和欲望來決定或選擇的。它們累積成深溝凹痕的印記，會跟著我們生生世世地遊走。這些印記的轉移有如沙漠中的沙丘，會根據個人的經驗和意志而流動變化。它們改變生命的形狀，讓你付出巨大的時間代價，長期受其影響。它們會創造出不同的人格以及不同的轉世，但全都會朝著終極解脫推移。這些印記決定了轉世的所有特徵，包含了性別的男或女、會有怎樣的父母、有哪些兄弟姊妹、處於生命的何種階段、壽命的長短，以至於要遭受多少苦難、多少歡樂等，[5]這機制並不牽涉一絲一毫的武斷或獨裁。也就是說，出生條件完美匹配了個體靈魂達成靈性成長的需求。

無論是人間或天堂，那些已經了解生命本質原就詭譎多變的人，會轉而尋求能夠避免無止盡生死循環的道路。他們渴望到達梵天界（Brahma loka）[6]，亦即那超越天堂、永不再走回頭路的至高真實領域。了悟者能夠在任何條件下都保持著全然的覺知，無論是依然處於身體內，或者在面對死亡的轉境中。知梵者無須走到任何其他領域或天堂，也無須成為「始終如一，本來就是」以外的其他任何存在，他一直就是阿特曼，就是萬有的本我。拋下身體這件外衣之後，那已經了悟的靈魂存續於永恆的至喜與快樂之中，存續於無限的愛與智慧之中。知曉阿特曼者有如一個從睡眠中甦醒的人，他再也無須入眠作夢，也有如一位恢復視覺的盲人。一個已經解脫的靈魂具有阿特曼的直接經驗，他無須再回到物質的世界，除非是為了服務人群而主動選擇回去。這樣的靈魂解脫者（jivan-mukta）不會再被丟回到那個「束縛」與「解脫」相對的二元世界中。

開悟的靈魂和他人不同，他已經燃燒了所有業繩的束縛。這樣的開悟者執掌了自由意志，可以選擇是否要繼續轉世重生或者融入終極至上之中。如果他選擇了重生，可以有意識地挑選自己出生的各種情境條件。根據佛教的說法，這樣的靈魂被稱為阿羅漢（arhats）[7]。

閻摩王已經揭示的祕密，乃是所有祕密中的至高祕密，因為每個人都想要知道自己死後將居於何處。對於普通的凡人而言，這依然是一個要等待許多轉世後才能揭開的祕密。生死的神祕以及往生後的生命狀態，只會揭曉給那些少數的幸運兒。

人類已經學習了許多有關物質世界以及如何戰勝自然的學問。他們努力地想要知道生命的祕密，也發現了一些方法能讓生命的過程變得更容易，也少一些痛苦。然而，他們還沒有學會如何為死亡做好準備。

死亡並不可怕，可怕的是對死亡的恐懼。死亡就好像一位母親，對那些把時間和精力浪費在世俗快樂的追求者，提供了一個慰藉。對那種人而言，人生就好比不斷咀嚼著已經沒有內容物的穀糠，平白糟蹋了生命，卻根本無法解渴。

死亡只不過是一個逗號，不代表全然的停止。死亡是一個莊嚴的經驗，一種無人可以逃離的改變。一個沒有為死亡做好準備的人，簡直就是愚人。

真實本我不會死亡，即便當物質身套已經遭受摧毀，真實本我依然會保持存在。物質自我只是一個粗重的媒介，死後它依然潛伏於阿特曼之中。當物質身體被毀，微細身的內容依然保持不變。宇宙中並沒有喪失任何東西，宇宙能量依然保持運轉，從永恆跨越到永恆。

現代科學已經發現，在這世間的所有萬物都只是振動的產物，振動驅動了某些能量的粒子來吸引其他的能量粒子。固態物質先成功地還原為這些虛空的粒子，然後再還原為電磁波，最終轉變為大家所能理解的能量形式。在瑜伽的哲學中，所有在這宇宙中的存在與發生，都是振動運動所產生的結果。而振動的源頭便是宇宙能量，或稱為普拉納（prana，生命能）。所有這宇宙中會動與不動的客體，全都是普拉納的振動所形成。普拉納的振動就是所有宇宙現象的根源，也是宇宙中所有發生事件的主要源頭。普拉納是宇宙的生命原理，它有自屬的規則。一旦沒有了普拉納，宇宙將不復存在。知名的科學家，亞瑟．艾丁頓（Arthur Eddington）爵士曾經說過：我們必須記得，物質概念已經從基礎物理中消失，取而代之的是週期波動的概念。現代科學已經藉由實驗顯示，物理世界就是心理現象的展現。因此，無怪乎物理學幾乎都告終於形而上學，古代先知也透過直覺示現，進一步證實了這個理論：Sarvam khavl idam Brahma（確實，所有這一切皆是梵。）

普拉納的第一個化現就是空（akasha），從空逐漸展化為現象宇宙。根據吠壇多，在宇宙中沒有所謂死的物質。整個宇宙就是一個活靈活現的有機體。闍摩與納奇凱達解釋了在此現象世界中的所有存在，無一不是普拉納振動所引發的顯化。根據《梨俱吠陀》，宇宙的力量在演化開始以前就已經存在，在現象宇宙消融之後，也仍將持續存在。所有自然的力量從那唯一的萬能源頭衝爆出來之後，化為顯像的宇宙。宇宙就是那「一」的顯現，而那個「一」就是宇宙的基礎。[8]亦即，在這個宇宙中，從來就沒有所謂普拉納振動的獲得或失去。

藉由普拉納的力量，以及透過演化的勢能，內在和外在的世界開始顯化為存在。從真實的本質上來看，整個世界是永恆不滅的，但如果只看外在的形式，這世界就不是永恆的。當所有宇宙的外在形式都被摧毀了，無形的實質（也就是宇宙的母性能量）依然存在，從永恆跨越到永恆。

只要是有生命的地方，就一定會有智慧的某種顯現。智慧和生命總是同時出現。這裡所謂的智慧，是指內在本我的智慧，它以生命力能（普拉納）做為工具。事實上，真正具有生命而讓一切得以運作的，乃是藉助於普拉納的那個本我。

物像世界只占宇宙的一半。我們以感官感知到的一切，並不是世界的全部。宇宙的另一半包含了心、思想及情緒，它們都無法以那些用於感知外在對象的感官來加以詮釋。

五種感官是主要的門戶，個體的自我要透過感官才能夠與外在的世界接觸。這五種感官是對外的門戶，透過它們，我們可以接收到來自外在世界的振動。這些振動首先被帶入腦細胞，分子在這些細胞中發生了改變，於是自我將振動轉譯為感覺。接著，這些感覺形成感知，爾後，感知再經過一連串的心理過程被轉化成為概念。這樣的過程不斷無止盡地重複。在你想著任何一個對象的同時，會立刻感知到那個東西在心中浮現一個心理影像，這就是所謂的概念。

如果不存在心的智性功能，就不可能會有感知了。吠壇多描述了這樣的相對位階：「比感官器官還要纖細的是感覺，但超越感覺的是心意，超越心意的是心智，而比心智更高一層的則是宇宙自我（comic ego）。[9]超越宇宙自我的就是那個未被顯化的『一』。這就是到達終極真理的最高途徑。」

普拉納在身體中產生的不同作用，可分為五類：上行氣（prana）、下行氣（apana）、周行氣（vyana）、上升氣（udana）、平行氣（samana）。在人類的身體中，往上行的生命氣被稱為上行氣，往下行的被稱為下行氣。周行氣有如火焰般橫掃四肢，維持所有液體和能量得以在全身循環流動。上升氣在死亡的時刻引領靈魂離開身體。而拜平行氣之賜，營養得以被消化吸收。

當個體靈魂（jiva）離開時，普拉納就隨之而去。當普拉納離開了身體，其他所有的生命支持器官也隨之停止運作。呼吸系統是普拉納的載具，呼吸是建立身體和心之間關係的橋樑。當吸氣和吐氣都停止運作時，死亡就確立了。身體的死亡是一種轉變，但是它不會消滅實質的心與靈魂。[10]

五個行動感官功能（能說話、掌握、移動、生殖與排泄）的微細力量、五個知覺感官功能[11]、五種生命氣、心意及心智，共同構成了細微身。在重生的那一刻，細微身將繼續陪伴著靈魂前行。粗鈍身在死亡的時候開始分解，但是細微身將保持存在。潛意識心是善德與惡行的儲藏所，它將成為個體靈魂的載具。多生多世以來保存在潛意識心這個儲藏所裡的印記，就好像種子一樣保持著潛伏的狀態。細微身與粗鈍身之間的關係，就好像種子和植物之間的關係。如同種子在種子核中保有植物所有的品質，潛意識心也蘊藏了我們過去累生累世所有的印記。

佛教徒和瑜伽士相信且能夠分辨靈魂、心及身體。靈魂不是一種被創造物。它的本質即是純意識，本身是完美無瑕的。在粗鈍身分解之後，所有一切都保持在潛伏的狀態下，靈魂存活了下來。我們的靈魂依然是圓滿的，不會在死後被殲滅、分解或毀壞。如果靈魂是真實的實體與存有，我們就應該可以透過某種方法來經驗它。每一個受過適切的靈性訓練之人，都能夠擁有這種經驗。

生命和死亡只是同一件事實的兩個不同名稱，有如一枚硬幣的兩面。一個能夠超越此分別的人，就能夠征服死亡，到達彼岸，彼岸就是永恆的生命。當我們能夠認知到「唯有阿特曼才是永恆不朽，而其他所有萬事萬物全都逃不開朽壞滅亡的命運」的基本事實，我們就能夠解開死亡的祕密。那些已經證得三摩地（Samadhi）[12]之人，可以在此生就經驗到死後的生命。那些已經了悟其真實本我的人，就會成為不死的永恆。

譯註

[1] 在藏傳佛教稱之為中陰階段。

[2] 印度傳統分為地上七界及地下七界。地下七界分別由各類阿修羅及蛇類居住。地上七界由下往上分別是：地界（Bhur-Loka）、天（空）界（Bhuvar-Loka）、天堂界（Svar-Loka）、偉大聖者界（Mahar-Loka）、純淨真人界（Jana-Loka）、苦行圓滿天神界（Tapa-Loka），以及最高的真實梵天界（Satya-Loka）。我們在第四章註解中提到的〈蓋亞曲神咒〉的第一句 Om Bhur Bhuvah Svah，所頂禮敬拜的就是地上七界的前三界，地、天，以及天堂界。

[3] 一般談到五種身套（身層）的時候，梵文會使用 kosha，而談到三身（粗身、精身和因身）時會使用 sharira（身體），在此依照原文，將五身套中「身套」的梵文部分全部以 sharira 表示，但中文翻譯時，根據斯瓦米拉瑪的英文用字「sheath」（身套、身層）來翻譯。物質身套又作「食物身層」，取其梵文 anna（食物）之義，亦即倚靠吃下各類食物中的生命能量而得以維持身體運作的這個肉身。

[4] 來自希臘薩摩斯島的畢達哥拉斯（西元前 570 ∫ 西元前 495）創立了畢達哥拉斯神祕主義。他認為萬物之源是「無限」，主張不朽的靈魂透過遷移，在死亡之時會進入一個新的身體。他同時主張數學可以解釋世上萬物，一切真理都可以用數學去反映和證實，他的哲學對柏拉圖、亞里斯多德等著名的哲學家產生極大的影響。

[5] 這就是《瑜伽經》（2.13）談到的：只要煩惱（kleśhas）和業庫（karmāshaya）依然存在，其熟成和結果將自然地展現於其再生時之物種（jāti）、壽命長短（āyus），以及當生的苦樂喜悲（bhoga）。有關業力，建議讀者可以參考斯瓦米

拉瑪所著的《業力：掙脫心的束縛》（*Freedom from the Bondge of KARMA*）一書，以及斯瓦米韋達所著的《瑜伽經白話講解・行門篇》（以上皆由橡實文化出版）。

[6] 梵天界（Brahma loka）：也就是註[2]提到的地上七界之最高界梵天界，又作真實界（Satya-Loka）。

[7] 阿羅漢（arhats）：佛教指稱那些已經斷盡我見、我執、貪嗔癡等無明及所有煩惱，脫離生死輪迴之苦而入無餘涅槃界的聖者。

[8] 這與中華文化的《易經》以及老子的《道德經》所說的「道生一，一生二，二生三，三生萬物」，完全是同樣的道理。

[9] 這應該是出自《卡陀奧義書》（1.3.10），斯瓦米拉瑪在這裡使用英文cosmic ego（宇宙自我）來取代原經梵文的Mahat。從數論的觀點來看，Mahat是原質的第一個顯化，因此請勿與「終極的至上本我」混淆，這是未顯之初顯。

[10] 斯瓦米拉瑪在這裡說的是一個極其重要的知識，因此，平時持咒、唱頌神名或說念佛要念在心上，而不是念在嘴邊舌間，養成這樣持心咒的習慣，如此一來，當死亡的時刻到來，所有感官皆失去了作用，五大元素也開始瓦解時，臨終前的心才能夠不依賴口，依然能專心持咒。

[11] 五個知覺感官功能：即能嗅、嚐、見、觸、聽等五種知覺感官功能，又譯為知根，對應五種行動感官功能的作根。

[12] 三摩地（Samadhi）：是一種心的狀態，當心處於一點專注（ekagram），專注在唯一冥想對象，就來到初步的有智三摩地（samprajnata samadhi），次第達到心已

經處在受控（nirodha）者，亦即連冥想對象那唯一的心念（vritti）都已消融受控，即達空智三摩地（asamprajnata samadhi，又譯非智三摩地），關於三摩地更詳細的定義，請參考斯瓦米韋達所著的《瑜伽經白話講解·三摩地篇》（橡實文化出版）。

Chapter 12

戰勝死亡

瑜伽精通者發現死亡還提供了更多值得學習的東西。死亡不只是靈魂邁向永恆的旅程中，一個必要的停歇，它也是一個可以根據個人意志來妥善利用的通路和工具。

為了了解這個道理，我們再次把焦點放回到《卡陀奧義書》。閻摩把身體稱為「國王的城堡」。國王就是阿特曼。閻摩描述了十一道通往城堡的城門。其中七道城門是屬於感官的開口：兩個眼睛、兩個耳朵、兩個鼻孔，以及一張嘴。另外三道城門則包含了肚臍、生殖及排泄器官的開口。最後則是一道不為人熟知的城門，這第十一道城門位於腦頂的中心，我們稱之為「梵穴」（brahmarandhra）[1]，位於頭頂的囟門。它是無限至上的寶座，王者阿特曼的寶座。阿特曼在這個寶座上，統領並指揮著所有的臣屬，包含心意、心智、微細的感官覺知及粗鈍的感覺。前十道城門都是朝向世間生命的通道。唯有梵穴是一道通往神聖與永恆生命的開口。一般人的普拉納（prana，生命能）都是從十道城門的其中一道離開身體，尤其會從這個人一直以來欲望最強烈的城門出去。而已經成就的瑜伽士則會從第十一道城門離開。

奧義書強調了一般人和瑜伽士的差別，闡述了所有這些城門的國王就是阿特曼。阿特曼理應受到臣民的愛戴與服侍，服侍的方法就是要好好管理這十一道城門的活動，也就是控制好心智、心意及感官。瑜伽士知道如何控制這些通道，也知道如何好好服侍並發掘阿特曼。他們已經學會利用梵穴來了解重生的神祕。

當我們能夠完全調節這些通往外在世界及永恆生命的通道，就會對世間生命和永恆生命之間的關聯了然於心。死亡的痛苦以及伴隨死亡的巨大恐懼，就會消失。當所有構成人體的元素（包含感官、念頭波動，以及心與身的能量）都能和諧作用時，阿特曼就會顯露。

死亡是身體的習慣。沒有人可以跟著同一個身體永遠存活下去，因為身體就跟任何化學成分一樣，都是會改變、衰敗和死亡的。執著於那些必然會逝去的東西，勢必會創造出恐懼和痛苦。這種執著是自然的，所有只把焦點放在實體層面的人都有這樣的執著。他們受苦是因為沒有通達全面的覺知。只有透過靜坐冥想慢慢累積，最後成就至三摩地，才能真正讓你擺脫對身體的執著。透過靜坐冥想，我們能夠掌握對十一道城門的控管，然後就能對心意、心智及靈魂發號施令，並能覺知全面的整體。由此可知，靜坐冥想的技巧實不受宗教教條的束縛。

梵穴只有在與阿特曼結合的時間才會打開，透過三摩地才能達到這樣的結合狀態。三摩地是一種心上沒有波動、沒有欲望、沒有恐懼、沒有執著的超越狀態。三摩地（samadhi）這個字意味著等持（samahitam）[2]，意即已無尚待回答的問題，已無尚待解開的神祕。在那一瞬間，心的喋喋不休會立即消失，遺忘所有的語言。在這樣的境界中，心不再陷入思考。這是心的光明境界，它完全被納入那超越智能、悠悠無盡的沉思之中。闍摩描述了三摩地的境界，在此境中可達永恆的領域並了悟阿特曼。他說：「當所有的感根都自感官收攝並靜默了，當心安靜、止息、安定且不再受任何思想干擾，在那樣的狀態中，阿特曼的榮光被徹悟了，至喜降臨至地平線，那即是三摩地的境界。」

三摩地的最高境界與死亡是全然不同的狀態。三摩地是一種開悟的境界，而死亡是一種無明黑暗的經驗。在三摩地之中，了悟者可以保持著全然的覺知，而在死亡之中，人們卻沒有任何的覺知。對一般人而言，死亡就像是一場又長又深的睡眠；死後靈魂依然眷戀著心，但是個體卻維持在深層的睡眠之中，毫無覺知。閻摩告訴納奇凱達說：「三摩地並非一種死亡的狀態，它是在身心層次上超越世間領域的一種等持與合一。」

在相對的世界裡，靈魂經驗著三種狀態：清醒的狀態、作夢的狀態，以及無夢的深眠狀態。第四種狀態名為「圖瑞亞」（turiya），阿特曼穩居其真實本質中，保持出離且成為靈魂三種狀態的見證者。在深沉睡眠的狀態中，靈魂享受著擺脫所有折磨與痛苦的自由，但是在圖瑞亞境界中，靈魂經驗著自己完全超越於所有其他各種狀態之上。圖瑞亞，或說超意識境界，與三摩地具有相同的意義。三摩地和深眠之間的差異極其微小，深眠是一種喜悅的狀態，只不過你無法覺知到它。而在三摩地中，瑜伽士全然覺知這種至喜的狀態。它是源生於阿特曼的直接經驗，卻無法透過任何其他的工具來衡量。

三摩地有兩種類型：有形（savikalpa）三摩地、無形（nirvikalpa）三摩地。在有形三摩地中，瑜伽士觀看著自己的身體和內心的狀態與過程，彷彿它們都不屬於他，他保持完全地出離。這之所以稱為有形三摩地，是因為思想者、思想對象以及思想這個工具，在這個狀態中仍然臨在。而在無形三摩地中，當事者已經擺脫所有的執著。在此更深層的境界裡，思想的工具和對象都已經不復存在，唯獨剩下思想者本身還在。無形三摩地是最高的境界，在這個境界中，瑜伽士融入至喜的永恆，保持與真實本我

（阿特曼）的連結。[3]

三摩地的經驗無法被描述，因為它是一種超越思想、語言和行為的獨特境界。人類生來就被無數的束縛所侷限，當到達三摩地的時候，求道者就可以永遠地自由了。這是最高的境界，不死瑜伽士的永恆居所。那些證得三摩地的人能夠在此生就經驗死後的生命。他們在那境界中超越了死亡的邊境。

生命中已知的部分是一條在兩點之間所延展出來的直線，這兩個點分別就是生與死。除了這兩個已知點，個人對自己生命中的絕大部分依然處於未知、不可見的狀態。普通的凡人對於「死亡」的這個轉折一無所知，但是已經開悟或者已經成就的瑜伽士，都知道此生與爾後的生命祕密。那些已經學會控制十一道城門的人，就能夠知曉那些超越的知識，而那些知識賦予他們兼得掌握死亡與生命的能力。

那些已然獲得這些成就的人們，不再受制於死亡的約束。他們可以依照意願自由控制自己捨棄身體的死亡時間。他們有意識地通過第十一道城門，通過梵穴。據說那些從這道門穿越的人們有能力得知死後的生命，就如同他們熟知此生的生命一般。遮蔽於生死兩者之間的帷幕，於是被輕輕掀了開來。

有成就的瑜伽士已經學會使用各種方式來捨棄身體。我們在此提到一些瑜伽士所使用的古老技巧，之所以要提及這些技巧，無非是想讓大家清楚地知道，除了大眾普遍面對死亡的方式，你還有別種選擇。

瑜伽士一般會用「摩訶三摩地」（maha-samadhi）來稱呼死亡。三摩地是人類能夠證得的至高寧靜境界。摩訶（maha）的意思是偉大，瑜伽士不將死亡視為生命的終點，而是認為死亡不過就是脫掉身體，放下那些已經不再被需要的東西罷了，就是如此簡單而已。

閻摩向納奇凱達揭示了有意識地放下身體的技巧。閻摩向他解釋了在所有的經脈（**nadis**）或說身體的能量通道之中，最重要的一條就是中脈（**sushumna**）。中脈通過脊柱的中央向上攀行。在中脈裡流動的乃是靈性的能量，這股神聖力能也被稱為昆達里尼（**kundalini**）。中脈乃是解脫的關鍵，在死亡的時刻能夠進入中脈的人，就能夠證得梵（**Brahman**）：生命的至高目標。除了這條道路之外的所有其他道路，都只能通往重生一途。

要離開身體的時候，瑜伽士喚醒沉睡的靈蛇（即昆達里尼的力能），然後將這股能量注入中脈的通道。接著，這股能量上升到眉心輪（**ajna chakra**），也就是介於兩眉之間的兩瓣蓮花。在這裡，瑜伽士收集並控制身體的所有其他普拉納。他從固著於大地的存在、感官感知，以及五層較低的脈輪等處收攝意識，專注於眉心輪，然後慢慢向上來到頂輪（**sahasrara**）。就在專注於頭頂的同時，他透過囟門離開了身體，最終上升到達終極至梵的領域。

捨棄身體的其中一個特定方法是，在進入三摩地的同時讓身體凍結。這是某些特定喜馬拉雅山瑜伽士族群所使用的傳統死亡方法，被稱為喜馬三摩地（hima-samadhi）。瑜伽士在靜止的冷山中坐入三摩地，然後捨下冰凍的身體。

另一種類似的技巧被稱為水定三摩地（jala-samadhi）。這需要在喜馬拉雅山深層的河川水底中完成，瑜伽士在此屏住他的呼吸，然後捨下身體。

地定三摩地（sthala-samadhi）的方法則是，瑜伽士端坐在至善坐（siddhasana），然後有意識地打開梵穴後離去。

另外還有一種非常罕見的捨身方法。那是藉由專注於身體內的太陽神經叢，冥想栩栩如生的內在火焰，在不到一秒的極速瞬間將整個身體燃燒殆盡，讓一切都化成了灰燼。

在所有這些技巧中，都不存在所謂的痛。它和自殺完全不同，自殺是一種因恐懼和絕望而產生的行為。而瑜伽士主動捨下身體，是因為這個身體已經無法再繼續提供服務，它不再是適當的開悟工具。當身體不再能服務我們朝著開悟努力，就變成一種負擔。在《卡陀奧義書》中，閻摩把這樣的此生與爾後的知識，傳授給了納奇凱達。

我曾經在許多場合，親眼見證瑜伽士有意識地捨棄身體。在一九三八年，我受邀前往波羅納斯（Benares）[4]，和一對來自孟加拉的夫婦住在一起。這對夫婦知會我，他們準備在特定的時間捨棄身體。這對夫婦已經一起靜坐了許多年，對外宣布了他們的死期，並且邀請我到場見證。

一九四七年，我在錫金（Sikkim）的派敦城（Paidung）中遇過一位瑜伽士，我之所以對他印象特別深刻，不僅因為他能透過自由意志捨身，還因為他具有起死回生的能力。曾經有一段期間，我非常急切地想要了解易身大法（parakaya pravesha）的箇中神祕。他在我的臨場見證下，示範了五次這個奇特的大法。這位瑜伽士要求我帶來一隻活螞蟻。我帶來了，然後我依照他的要求，用一把銳利的刀片把螞蟻切成三段，然後把它們各自散放在相隔十英呎（約三公尺）的地方。這個瑜伽士突然進入深層的冥想。我們檢查過他的脈博、心跳及呼吸，非常肯定已經找不到任何他還活著的跡象。在他進入深層的冥想之前，其身體曾經出現過激烈的抽蓄和抖動。

這時，已經被分段的螞蟻的各部分身體，突然在一瞬間移動起來並兜回在一起，螞蟻活過來了，開始四處爬行。我們連續觀察了這隻螞蟻三天，確定牠確實是活著的。這位瑜伽士解釋了起死回生的兩種方法：太陽科學以及普拉納科學（**prana vidya**，生命能量科學）。這兩種瑜伽科學都是專屬於喜馬拉雅山和西藏的少數幸運者所熟諳的獨門功夫。耶穌也曾經示範了這方面的方法與知識，他把拉撒路（**Lazarus**）[5]從死神那裡救了回來。也許，耶穌在參訪小亞細亞[6]時，從瑜伽士那裡學會了這門功夫。

我想在此分享另一個有趣的例子，這是有關一位瑜伽士預測死亡的故事，發生於一九九六年在阿拉哈巴德（Allahabad）舉辦的大壺節[7]。我的一位朋友，大王者毗那依（Vinay Maharaja，或譯毗拏亞．馬哈拉賈）[8]派了一位信差來到我的營帳，告知他即將捨棄身體，並希望我到場見證。在春日首慶（Vasanta Panchami，春天的第一日之慶典）的清晨四點半，他突然說：「現在，時候已到。」接著他就用至善坐進入靜坐的姿勢，然後閉上眼睛，全然的靜默。霎時，從他的頭顱裂縫發出了「剔克」的聲響，他透過梵穴離開了身體。

一位道行高深的瑜伽士如果有意願，也碰巧有合適可用的其他身體的話，他可以選擇承繼他人已死的身體。只有大師級的瑜伽士知曉這個技巧。對於一般人而言，這簡直就是天方夜譚。

在死亡時，有意識地離開身體的能力，並不侷限於有成就的瑜伽士。我確信，即使是生活在俗世的人，即便他們有許多責任必須完成，過著一般尋常的日子，他們依然可以練習高段進階的瑜伽及靜坐冥想。透過認真的努力、恰當的準備及導引，一個原非瑜伽士的凡夫俗子，也可以在捨下身體前證得開悟。

拉瑪那・馬哈希（Raman Maharshi）的母親並不是一位開悟者，但她的兒子是。當她要走的時候，拉瑪那・馬哈希把一隻手放在她的頭上，另一隻手放在胸口。那些見證她的死亡的人發現，她有一段時間似乎經歷著痛苦，但是拉瑪那・馬哈希以強烈的意志力幫助她度過了困惑的迷宮，最後她依然證得本我的了悟。

我親自見證過兩個類似的例子。其一在明尼亞波利斯（Minneapolis），那是知名的精神科醫師惠塔克（Whitacre）的母親，她已經練習瑜伽許多年。在她即將死亡的時候，她進入深層的三摩地，有意識地捨下身體。另一個是在坎普爾（Kanpur）的醫師世家，其中一位母親是神的虔誠信徒，同時也是我所啟引[9]的學生。她在死前六個月，決定要自己住在一間獨立的房間裡，並且一直不斷持頌神的聖名及靜坐冥想。六個月之後，她開始病重得無法下床。她要離去的時間似乎已經迫在眉睫，在她生命最後的幾個日子裡，她完全與外界隔絕，放下執著，專心沉浸在修行中。她甚至不允許長子譚頓（A. N. Tandon）醫師留在房間裡。在她即將死亡的前五分鐘，她才讓家人進來，並祝福他們。然後她就在全然覺知的狀態下，捨下了身體。

在她死後，據說她曾經住過的房間之牆面，依然振動著她持咒的聲音。有人告訴我這件事情時，我幾乎不敢相信，因此我造訪了她的故居，我發現她唱誦咒語的聲音，確實還在那裡迴盪著。

梵咒是一個音節、一個字或一串字。當你有意識地憶持咒語時，它會主動地儲存在無意識心裡面。在離開人間時，儲存在無意識心的梵咒會成為這個人的指引。對於無知者而言，分離的時間是痛苦的。而對於一個忠實憶持咒語的靈性修行者而言卻不是。咒語會成為這個轉換過程中的嚮導。梵咒是一個靈性的導引，它可以驅除對死亡的恐懼，引領我們無懼地走向人生的彼岸。

對於瑜伽士和聖者而言，死亡只是一個極微小的事件。對他們來說，死亡只不過是身體的一個習慣、一種改變，死亡與發生在成長過程中的其他改變並沒有什麼兩樣。如果每個人都能了解這個道理，在面臨年老及死亡的時刻時，就不會經歷那麼多的痛苦。死亡和出生是同一棟華廈的兩道門，從其中一道門穿入稱為出生，從另外一道門穿出就稱為死亡。只有少數的幸運者知曉這生死的奧祕。

譯註

[1] 梵穴（brahmarandhra）：brahmarandhra 字面上的意思就是梵的洞穴，這一個空穴，處於頭頂前頂骨與枕骨之間的囟門，人在嬰兒時期，這個部分非常柔軟，隨著孩子長大，頭部骨頭會蓋過它。相傳梵天創造了身體後，進入身體居於這裡，透過梵穴讓光明自內生出。一位有成就的瑜伽士在死亡時，這梵穴會裂開，普拉納就會從這個開口離開身體，《卡陀奧義書》（3.16）中提到：「心有一百零一條心脈，其中一條就是中脈，沿著中脈穿刺從梵穴離開，得以通往永恆，獲得解脫。其他各脈則通往他方（輪迴）。」這也就是所謂的太陽穿刺法（surya-bhedana）。

[2] 等持（samahitam）：samahitam 經常被翻譯為等持或定，與三摩地是同一境界，意指堅定、安止、穩立、平靜，心已寂止不動，安於圓滿。而根據斯瓦米韋達的解釋，samahitam 是一種解決所有衝突的和諧狀態，有如把原先破損散落的部分，重新黏合復原成為本來的完整融一。

[3] 這就是《瑜伽經》談到三摩鉢地（samāpattiḥ）的幾種層次，斯瓦米拉瑪此處的用詞：思想者、思想對象以及思想工具，分別對應《瑜伽經》用語的主（grahītṛi）、客（grāhya）、取（grahaṇ）。隨著三摩地境界的深入，所融一的對象會有不同，如同斯瓦米拉瑪在此教導我們的，可依照有形或無形分為兩類三摩地，而《瑜伽經》中則列舉了更多不同的細分，或兩類、四類、五類、七類，關於更詳細的解說，建議讀者閱讀斯瓦米韋達所著的《瑜伽經白話講解．三摩地篇》（橡實文化出版）。

[4] 波羅納斯（Benares）：即今日的瓦拉納西（Varanasi），乃是古代卡西國的首都，

在許多印度經典，例如《摩訶婆羅多》（*Mahabharata*）都有記載。卡西的意思是「光之城」，相傳是在五千年前興建的古城。印度教徒相信若能在瓦拉納西死去，就能夠超脫生死輪迴的厄運，因此在瓦拉納西的恆河畔長年都舉辦著火葬儀式。

[5] 拉撒路（Lazarus）：是耶穌的門徒與好友，在新約《約翰福音》第十一章中記載，他病死後被埋葬在一個洞穴中，四天之後依照耶穌吩咐，他奇蹟似地復活並從墳墓中爬了出來。

[6] 小亞細亞：指的是位於黑海和地中海之間的古國安納托利亞，它的國土構成了今日大部分的土耳其。

[7] 大壺節（Kumbh Mela）：印度最大的朝聖大會，會依照印度占星結果輪流在四聖城之一舉辦，至今依然每隔十二年舉行一次。也有每三或六年舉行一次的，相對規模較小。此朝聖大會歷史悠久，據說原是八世紀的商羯羅阿闍黎所發起，原為廣納各界進行哲學討論、辯論和交流的聚會，但也有說法是源自往事書中所述天人和阿修羅的乳海攪動事件。唐朝時的玄奘大師也親自參加過，並將之稱為「無遮大會」，因參加者多為平日隱居深山荒野的裸身道人。

[8] 大王者毗那依（Vinay Maharaja）：斯瓦米拉瑪的同門師兄弟，是一位長年在喜馬拉雅山修行雲遊的裸身沙度。

[9] 啟引：代表受啟引者接受並成為某個瑜伽傳承的學生，接受該傳承的上師、啟引師及同門其他導師的心靈指導，透過傳承授予的咒語持咒和其他的瑜伽修練，在身體、心理及靈性各層次，開始探索內在生命的豐富與真實。有關啟引的意義，建議可以參考斯瓦米韋達的著作《夜行的鳥》（橡實文化出版）。

Chapter 13
擺脫執著

就像瑜伽士一樣，自願並喜悅地捨下身體是每個人內在都具備的能力，但是學習這麼做的人並不多。對大多數人而言，儘管摩訶三摩地（maha-samadhi）似乎很吸引人、很神奇，但那些練習卻似乎很遙遠，很不容易上手。對一般人而言，這些練習頂多就是幫助我們有一個目標，或者得到一種啟發，能使我們用另一種有別於普通生命的不同眼光來看待人生。也或許可以幫助我們認識，死亡並不是一種只能用等待，且無助、煎熬地強忍的過程。

確實，摩訶三摩地對大多數人而言都是無法輕易獲得的境地。如果對一般人而言，摩訶三摩地確實難以到達，那麼，我們究竟該如何面對死亡呢？死亡只能是那團黑暗的迷霧嗎？我們只能任由它隨興地侵入每個人的存在中，然後就把那些不情願的、還未準備好的人們強行奪走嗎？一般人應該如何為自己的死亡，以及所親近之人的死亡做準備呢？一個人應該如何減少這如芒刺在背的死亡隱痛呢？藉著明白「死亡是宇宙必然的現象」

的這個事實，人們真的就能夠獲得安慰嗎？

如同我們一再強調的，對死亡的恐懼根植於執著。人們執著於他們的身體，然後認同於身體。我們可以理解，「身體會結束」的念頭確實讓人驚恐不已，因為那意謂著人們所假定的身分和存在即將結束。只要我們依然無知地以為，我們和這個身體以及它或粗或細的形式是一體的，就會依然畏懼著死亡，並且繼續活在死亡的陰影底下。開悟之道最大的障礙，就是對身體以及世間萬物的執著。這份執著讓我們成為奴隸。就是因為我們的執著，所以我們必然會經驗死亡及失去的恐懼。對身體意識觀念越強的人，對身體的執著越深的人，在死亡之際，就會面臨越大的恐懼。

同樣的原則也適用於那些對世間萬事萬物執著的人，他們執著於自己的房屋、財產、衣服、珠寶及錢財。他們害怕失去那些東西，因為那些東西在某種形式上提供了人生的意義、認可及價值。人們也對其他人產生依賴和眷戀。人們透過針對他人而感受到的情緒，感覺自己具有一種特殊的身分，並且害怕在死亡之際必須放棄那個身分。因為類似的理由，他們也害怕那些自己所執著之人的死亡。如果一個人的身分是透過執著於他人來定義的，他人的死亡無疑也會改變自己的那個身分。

能夠化解的方法，就是擺脫對這些身體、財產、擁有及他人的執著。關於放下執著，哪怕是更頻繁的重複提醒，還是不足夠的。降低執著乃至於最終消除執著，並不代表必須逃避生活，也不是要否定享受生命，或者以任何形式去降低人生的價值。相反的，透過降低執著，生命可以被提升、豐富及擴展。人們學習去愛和給予，並向他人和世間所發生的一切，呈現敞開、接納的狀態。執著意謂著緊緊地挾擁、緊抱、抓牢及強握。當死亡來臨時，你緊緊抓牢的所有東西都將被猛拉離開。無論是任何東西，只要你抓得越緊，那個被拉扯開的力道就會越強勁，隨之而來的痛楚也必然更深。但如果你一直都是以開放的雙手來引領自己的生命，對任何東西都沒有執著，那麼當死亡來臨之時，就沒有什麼東西必須被強力地拉扯開來。

我們不可能突然就在某個時候覺醒，然後決定放下一切的執著。這需要用一輩子的時間來下工夫，這需要每日的留心注意，去化解那些會讓我們形成執著的習慣，因為世間總是充滿吸引和誘惑，這些誘引都會不斷地加深並強化我們的各種執著。

一旦靈性求道者開始琢磨於不執著的練習，必定也會同時發展出對死亡的正確理解，知道死亡是什麼以及它的意義何在。死亡只是意謂著生命的結束嗎？它就像是在黑暗中匍匐前進的惡魔，是不請自來的恐怖事件嗎？

從東方形而上學的觀點看來，死亡是不可能結束生命的。死亡來臨時，身體停止了作用，在那一瞬間，人命似乎在特定時空中的一刻終結了。但其實個體的生命沒有因此而結束。從這樣的觀點看來，死亡似乎並非等同於黑暗和恐怖。死亡就像出生一樣的自然，甚至就像出生一樣的神奇與美麗。死亡和出生一樣，都能夠引領我們進入生命和成長。

在這樣的觀點下，我們知道一個人會進入時空中的一個剎那，是因為一種特定的目的，並且必須持續一段特定的期間。這就像是我們會選擇春天的時候從事耕田與播種，在對的時間和條件的配合下，有助於完成播種的目的。耕種的工作必須在那個時節完成，當工作完成了，我們就沒有理由繼續留在田裡了。剩下的就是耐心等待，允許種子有足夠的時間去發芽，讓農作物得以成長。一旦農作物已經熟成，就是我們再次造訪田地的時候了，這是為了另一個目的、另一個時機。

那就是人類生存的方式。世間有如一塊田地。一個人來到這畝田中，在適當的時機將這塊田地耕好、準備好，然後就先行離開。等到適當的時機來臨時，再回到田裡收割莊稼。

一個人造訪世間的存在，可以使用能量的概念來闡釋說明，也可以使用時間和空間，或業行（karma），或一些其他哲學上的概念來詮釋。許多哲學說明了一個人擁有能量，或說人就是能量本身，而那個能量是無法被摧毀的，它只能被轉化。許多哲學說明了每個人會進入特定的連續時空，然後離開那個時空，接著再移動到另一個時空。許多哲學的論述是，受到個人業行的驅動，他會從一個生命形式移動到另一個生命形式，之所以這麼做的目的，是為了要在特定的期間，讓這個人獲取特定的經驗。這些哲學可以對人類提供幫助，也著實具有撫慰人心的作用。儘管人們全都了解這些哲學上的論述，但是當人們被死亡的概念步步逼近、全面壟罩時，即便曾經遍覽過世間所有與死亡相關的哲學，卻也無法在那一刻生起效用。死亡依然是一個我們必須獨自面對的事件。只有我們自己建立的哲學，也就是透過自己親身了悟的哲學，才能在死亡的時刻幫助我們。

死亡是一個人與其最根本恐懼的直球對決。無論一個人在一生中曾經致力於怎樣的自我轉化，無論他或她曾採納了怎樣的一種哲學形式，死亡時刻依然給人不寒而慄的印象。所有人或多或少都會經驗對死亡的恐懼。我們依照不同程度的確定性，企圖說服自己，死亡並不是如此可怕。我們可以說，死亡只是從一種存在或覺知的狀態，轉變到另一種存在或覺知的狀態；我們也會說服自己，至少死亡代表著生命痛苦的結束；或者我們也會試著這樣告訴自己：或許死亡正是那一道通往永恆生命的閘口。但無論我們用怎樣的說法來安慰自己，恐懼死亡的陰影仍然隨伺在側。我們確實害怕死亡，那種潛藏的恐懼或許巨大、或許微小，但這份恐懼都會在我們真正要離開這人間的時刻，變得更強烈、更聚焦。當這份恐懼開始變得真實，所有的哲學都將被晾在一旁。

但這自然產生的恐懼，也具備潛在的巨大效益。它全力拉回瀕死者的注意力，並且使其專注。一個瀕死者所採取的聚焦方法，及其聚焦的焦點，反映了他這一生的人生內容，以及他對來生的推動方向。

死亡是一個重要的時刻，它帶著蔓延於人一生中的所有經驗、思想、行動、記憶，將之聚集壓縮為一個單點，並在一瞬間將之推入一個時間與空間的小孔。那推動勢能的能量，加上它所連動的能量，是極其龐大的，龐大到足以形塑成為另一個生命。

我們要如何進入那個時空之孔、要帶著什麼東西進入它、要如何穿越它，這些都是極為重要的問題。活著的時候該如何把人生過好，以及該如何完成個人的死亡之旅，這些都是至關重要的事情。

死亡經常被拿來和睡眠做比較。你如何度過白天，將會決定你那天晚上的睡眠品質。如果一個人在上床前，充滿了懊悔、恐懼的情緒，以及總覺得有一些未能實現欲望的遺憾和不滿足，他當晚的睡眠必將是斷續、零散的，更有甚者，所有那些負面的思緒將會延續到隔日，繼續扮演決定隔日生活品質的關鍵角色。當日所有未實現的欲望，將會穿越到隔日，繼續影響隔日的心情和情緒的調性。你以為的全新一日，實際上是被前一日結束後的睡眠品質給偷走了。

因此，你要學會自由無慮、滿心知足地入眠，如此才能充分擁抱隔日嶄新的一天，才算是充分收穫並享受了每一天的價值和目的。白日裡應該掌握一整天的光陰，盡全力而為，但到了夜晚就該放下。明天會照顧它自己，每一天都有屬於它自己的價值及當日的目的。

同樣的現象也適用於死亡。直到死亡時刻來臨之前的生命品質，會關鍵性地決定瀕死者在死亡之際的心境。在死亡的時刻，心會變得非常專注，那是真正靜坐冥想的時刻，是非常穩定專一的時刻。如果一個人在活著的時候，人生就被恐懼和畏縮占據並充滿，那麼到了死亡的那一刻，那些品質無疑只會被放大。如果一個人平日就過著沒有紀律、散漫隨性的生活，那麼，死亡的過程也會以散亂無紀律的方式呈現。

如果一個人生前過著漫無目的或者毫無紀律的人生，死亡就遠遠超乎他的掌握。如果一個人不能控制身體或內心，也不能調節對食物、睡眠和性生活的欲望及衝動，那麼當死亡的時刻到來，一切也將超乎他所能掌握的。一個人所有未實現的欲望、所有的恐懼，以及所有想要滿足個人本能欲求的傾向，都會在死亡的時刻任意地縈繞周圍，把他團團圍住；這與他人生的日常寫照一模一樣，一個人平日裡總是任由這些欲望和衝動毫無節制、隨意地浮現，那麼到了死亡時刻也必定會被這些所糾纏。無論在人命存在之後的會是怎樣的生命形式，新生命的品質全都取決於那個關鍵時刻的內在騷動。就如同前一晚被焦躁、焦慮纏身的睡眠之夜，決定了隔日的生活品質一樣。

然而，一個已經過著自律的生活並且已經學習放下執著的人，就能夠優雅地通過從這一生到達下輩子的旅程。這樣的人就像一位已經結束拜訪的客人一樣，他會自在地離去。他已經完成了此生的人生目的，呼出最後一口氣後，就優雅地離開了。他就這樣從容地走了，知曉真實就存於他的內在，是永恆且不會受到死亡的影響的。他毫不依戀世俗的人或事物，深深知道這些都應該被拋在身後。

在印度傳統上，當一個靈魂離開這世間的時刻來臨，大家會提醒別人也同時提醒自己，要放手讓它離開。那個靈魂已經不再屬於這個時間和空間，我們必須要放下。

印度人在死亡的時候，會讀誦《薄伽梵歌》的第二章做為一種雙重的提醒，提醒面臨死亡時既要無懼，也要沉思靈魂將經歷的旅程。在《薄伽梵歌》第二章的一開始，阿朱那（Arjuna）面臨了死亡的各種面向與抉擇，他感到害怕、哀傷及沮喪。他的老師奎師那（Krishna）告訴他，不要害怕，不要陷入脆弱的泥沼，而是應該如火一般地升起。奎師那問道：「為何你會因為死亡而有這些負面情緒呢？」生與死就好像是轉動中的輪子，它們各是這輪子的半圈，兩者不停地輪替轉動，為的是將一個半圈帶往另一個半圈。

Chapter 14

我是誰

有一則關於創造的古老故事，訴說著在天堂、所有星辰、大地、風、水、天空，以及所有陸地與海中的生物被創造之後，所發生的故事。在這些創造之後，神創造了人類。第一個人類醒來，第一次對世界的生命產生了覺知意識，他環顧四周的湖泊與河流、高山與森林，看著在大海飛躍的魚兒、在高空飛翔的鳥兒，以及眾多形形色色的動物群。他全然的靜默。他看著天堂、太陽和月亮，也看向點綴著數百萬顆星星的浩瀚黑暗空間。他全然的靜默。然後，他看著神。他依然保持全然的靜默。當他看完了所有周圍的萬物，包含神與他自己，這地球上第一個人類終於看著自己說出第一句話：「我是誰？」

第一個人類並沒有看著動物或星星問：「它們是什麼？」他也沒有詢問：「我在哪裡？」他甚至沒有向神提問：「你是誰？」這樣的問題。他的第一個句子、第一個流轉的念頭、第一份好奇是：他想要知道自己的身分。

那是所有人類都迫切想要提出的問題。一個人所做、所想的每一件事，都與這個問題密切相關。人們都想要快樂與祥和，而且出於本能地知道獲得快樂與祥和的根本，就坐落在這個「我是誰？」問題的答案之中。

開始有意識地想要了解這個人生的大問號，就是邁向神聖旅程的第一大步。下一個大步就是，找到問題的答案。

《卡陀奧義書》中的納奇凱達知道，答案就隱藏在生死的大輪迴之中，於是他要求閻摩闡釋其中的奧祕。納奇凱達具備力量、耐心及堅定等必要的良好品性，使得他能夠向閻摩的不情願回答說不，也使他得以拒絕接受閻摩用盡方法誘使他接受替代性福報或次級知識的企圖。

阿特曼就是答案。我是阿特曼。你是阿特曼。我和你是同一，那就是這問題的答案。

當閻摩告訴納奇凱達，光是聽聞阿特曼並不足夠。阿特曼必須透過經驗被證得、滲透及通曉。閻摩解釋道，想要證得阿特曼，憑藉學習是絕對不夠的，憑藉使用頭腦智能、從外而得的神聖教導，也是不夠的。

為了證得阿特曼，我們需要選擇以及行動。

那就是《卡陀奧義書》所要傳遞的訊息，也正是生命與死亡的意義。閻摩給了納奇凱達許多選擇，他提供所有世俗生活中最令人稱羡的事物給他，像是財富、權力、感官享樂等。然而，納奇凱達選擇了這些以外的東西。選擇了世間的誘惑，意謂著即將落入無止盡的下一回合的生死輪迴。在每一個誘惑中，都閃動著美妙的即時快樂，但緊隨在後的則是無邊的痛苦之河，接踵而至的是無止盡的害怕失去，最終必須不斷重新面臨死亡。世間的每個東西都注定會改變並衰敗。儘管人們感受著從這些誘惑衍生出來的痛苦，卻依然持續相信這些東西會在下一次帶給他們最終的祥和與快樂。納奇凱達知道，這種信念會促使人們不斷地被帶回到誘惑之境，在那裡重新再活一次、再欲求一次、再恐懼一次，然後再死一次。

《卡陀奧義書》說：「愚者追逐外在的快樂，陷入擁抱萬物的死亡羅網。」

在古老的聖經《申命記》[1]中，上帝言簡意賅地說道：「我已在你們面前設下了生命和死亡，祝福及詛咒，因此，選擇生命吧。」

選擇那個不會死亡的吧！那便是這神祕的解方，阿特曼就是答案。剩下來的挑戰就是如何找到阿特曼。

世間的所有事情本來就是要讓你好好享用的。但如果你對它們起了執著，就顯得非常不智了，因為這些東西都無法永恆持久。盡情享受世間的萬物，然後就要放下它們，讓它們順勢離開你的生命。擁抱生命的全部，盡情享受生命的所有，但是要在智慧的引領下作為，往真知的方向邁步前行。世間的生活只是整個過程中的工具，並非終極的盡頭。

如何活出精采絕倫的人生是一門藝術，它需要的不只是智慧，還需要勇氣。商羯羅說：「人類陷於非永恆現實的這個束縛，無法透過武器來斬斷，也無法透過風、水，或無數的行為來將之破除。除了真知的利劍，沒有任何東西可以砍斷這個束縛。要透過明辨來鍛造這把智慧之劍，再用純淨之心將之磨利，這些都需要恩典的護持。」

生命是短暫而珍貴的。不要浪費你的時間，在這裡陷入鼠籠中的物欲對象和誘惑。不要追逐逸樂，要利用世間的萬物來訓練靈性的成長。那就是《申命記》中所謂的「選擇生命」。

目標就是阿特曼。這也是所有奧義書的共同訊息，這世上只有那「一」。萬有乃一。對世間的事物充滿欲望，就會把「一」轉化為多。閻摩告訴納奇凱達：「那看見多而看不見一的人，注定不斷從死亡漂流到另一個死亡。」

所謂的選擇，就是究竟要成為神或哺乳動物，要成為永恆或短暫，要成為一或多，要成為阿特曼或者世間欲望。其中一個選擇可以邁向生命，而另一個選擇則會走向死亡。那便是這究竟的奧祕。

譯註

[1]《申命記》記錄了耶和華對於在曠野流浪四十年的以色列信徒，重申律法和行為守則的開示，此書多以摩西轉述、解釋耶和華的訓誡呈現。原文 Deuteronomy 的意思是「第二律法」，因此也表徵對神聖律法的複述、重申。此段在《和合本》中譯為：「我將生死、禍福，陳明在你面前，所以你要揀選生命。」（30:19）

作者介紹

斯瓦米拉瑪

斯瓦米拉瑪出生於喜馬拉雅山，他蒙受上師啟引，得以深入眾多的瑜伽道法。他的上師將他送往許多同樣住在喜馬拉雅山上的其他瑜伽士和成就者那裡，以便從古老的教導中，啟發出嶄新的觀點與視野。當時年僅二十四歲的斯瓦米拉瑪，就被南印度的卡威皮趟（Karvirpitham）奉為商羯羅阿闍黎。由於斯瓦米吉[1]希望專注喜馬拉雅山洞穴中的修道練習，他就任幾年後就毅然決然放棄這個崇高的地位。在成功完成於深山的修道後，他被上師指派到日本及西方宣揚喜馬拉雅山正宗的修練，並輔以科學基礎來印證古典瑜伽的練習。在位於美國堪薩斯州托皮卡市（Topeka）的曼寧格基金會（Menninger Foundation）中，斯瓦米吉令人信服地示範了心所具備的能耐，他示範了心可以控制非自主的生理過程，例如心律、體溫及腦波等。斯瓦米吉在美國實踐傳承任務長達二十三年，並在這段期間創建了喜馬拉雅國際機構（Himalayan International Institute）。

斯瓦米吉在美國逐漸變成了一位家喻戶曉的瑜伽士、老師、哲學家、詩人、人道主義者以及慈善家。他的預防醫學、整體健康以及壓力管理，都深深地滲透進入西方醫學的主流。在一九九三年，斯瓦米吉回到印度，在喜馬拉雅山加爾瓦區的山腳下，創建了喜馬拉雅醫院信託機構（Himalayan Institute Hospital Trust, HIHT）。斯瓦米吉在一九九六年十一月離開了他人間的這個身體，然而，他長久以來所播下的種子，直至今日依然持續其發芽、開花並結果的過程。他的教導被簡化為「愛、服務、憶持」的銘言，持續啟發著許多有幸能與這位無私、充滿愛的大成就者產生連結的學生們。

譯註

[1] 斯瓦米吉：這是弟子或學生對直屬教導的斯瓦米的一種暱稱，當時書寫這篇介紹文的作者是斯瓦米拉瑪的弟子，因此這裡所稱斯瓦米吉，就是斯瓦米拉瑪。而在斯瓦米韋達創建的斯瓦米拉瑪修道院早期學生口中的斯瓦米吉，則通常是指斯瓦米韋達。新一代的學生則有可能是指道院的現任靈性導師斯瓦米瑞塔凡等其他的斯瓦米，又或者有時邀請客座講師，他們口中的斯瓦米吉也有可能是自己傳承的上師。

BH0057R

神聖旅程：揭開生命與死亡的奧祕

Sacred Journey: Living Purposefully and Dying Gracefully

作　　者	斯瓦米・拉瑪（Swami Rama）
譯　　者	sujata
責任編輯	于芝峰
協力編輯	洪禎璐
內頁排版	宸遠彩藝
內頁插圖	Designed by macrovector / Freepik
美術設計	劉好音

發 行 人	蘇拾平
總 編 輯	于芝峰
副總編輯	田哲榮
業務發行	王綬晨、邱紹溢、劉文雅
行銷企劃	陳詩婷
出　　版	橡實文化 ACORN Publishing 地址：231030 新北市新店區北新路三段 207-3 號 5 樓 電話：（02）8913-1005　傳真：（02）8913-1056 E-mail 信箱：acorn@andbooks.com.tw 網址：www.acornbooks.com.tw

發　　行	大雁出版基地 地址：231030 新北市新店區北新路三段 207-3 號 5 樓 電話：（02）8913-1005　傳真：（02）8913-1056 讀者服務信箱：andbooks@andbooks.com.tw 劃撥帳號：19983379　戶名：大雁文化事業股份有限公司

印　　刷	中原造像股份有限公司
二版一刷	2025 年 1 月
定　　價	380 元
I S B N	978-626-7604-28-1

國家圖書館出版品預行編目 (CIP) 資料

神聖旅程：揭開生命與死亡的奧祕／斯瓦米・拉瑪 (Swami Rama) 作；sujata 譯 . 一二版 . 一新北市：橡實文化出版：大雁出版基地發行 , 2025.01
256 面；21×14.8 公分
譯自：Sacred journey: living purposefully and dying gracefully.

ISBN 978-626-7604-28-1(平裝)

1.CST：瑜伽　2.CST：靈修　3.CST：印度教　4.CST：生死觀

137.84　　113019839